丛书编委会

总　策　划： 来新国　王文成

编委会主任： 郭齐勇　周晓亮

编　　　委： 来新国　陈知涯　张　彧　尹格韬　沈　众

王文成　孟淑贤　周长志　罗养毅　秦　丹

乌　琛

大家精要
典藏版丛书

简一读

李渔

赵海霞　著

陕西师范大学出版总社　西安

图书代号　SK24N1770

图书在版编目(CIP)数据

简读李渔 / 赵海霞著 . — 西安：陕西师范大学出版
总社有限公司，2024.9
（大家精要：典藏版 / 郭齐勇，周晓亮主编）
ISBN 978-7-5695-4208-0

Ⅰ.①简… Ⅱ.①赵… Ⅲ.①李渔（1611- 约1679）—
人物研究 Ⅳ.① K825.6

中国国家版本馆 CIP 数据核字（2024）第 026838 号

简读李渔
JIAN DU LI YU

赵海霞　著

出 版 人	刘东风	
策划编辑	刘　定　陈柳冬雪	
责任编辑	焦　凌	
责任校对	彭　燕	
封面设计	龚心宇　张潇伊	
出版发行	陕西师范大学出版总社	
	（西安市长安南路 199 号　邮编 710062）	
网　　址	http://www.snupg.com	
印　　制	深圳市福圣印刷有限公司	
开　　本	889 mm×1194 mm　1/32	
印　　张	7	
插　　页	4	
字　　数	122 千	
版　　次	2024 年 9 月第 1 版	
印　　次	2024 年 9 月第 1 次印刷	
书　　号	ISBN 978-7-5695-4208-0	
定　　价	49.00 元	

读者购书、书店添货或发现印装质量问题，请与本公司营销部联系、调换。
电话：（029）85307864　85303629　　　传真：（029）85303879

目　录

1

第 1 章

少年时光——思想的萌芽期

星 宿 降 地

李渔生于明万历三十九年（1611）八月初七，卒于清康熙十九年（1680）。祖籍浙江兰溪，自幼生长在江苏如皋。

在古代，人们给成大事业者的出生往往冠以神秘的色彩。正如李渔在《佛日称觞记》中所说："哲人之生，必与凡民有异：非得佳兆于未生之前，即现奇瑞于降生之日。帝王圣贤无论矣，豪杰才俊之流，如孙坚之母梦肠绕吴门；孙策之母梦月裂入怀；尹喜之产也，陆地生莲；崔信明之诞也，庭集异雀；李显忠之母生七日不克，胡僧以剑矢置旁乃生。种种异迹，岂尽荒唐？予非信史、信传，乃信圣贤口中之一言。子思不云乎：'国家将兴，必有祯祥。'家产贤豪，为昌大门户之始，造物于此，安得不微露其几乎?"与那些有成就的人物一样，李渔的出生也有几分特别。李渔还没有降生，就有人说李渔不是凡人，是天上的星宿。

常言说"十月怀胎"。相传，李渔却在母亲肚子里长到十一个月还没有出生的迹象，这可急坏了李渔的母亲和家人。明万历三十九年八月初七这一天，有位白发长老路过李渔父母的住所，在院子里踱来踱去，绕着房子转了一圈又一圈，又看了看李渔的母亲之后说，肚子里的胎儿是"星宿降地"，现在住的这间小屋阴暗，按风水相学上说，地盘太轻，是载不住"星宿"的。在长老的建议下，大家七手八脚把李渔的母亲抬到村里的总祠堂。说来也怪，抬到祠堂后不久，就传出了一声嘹亮的婴儿啼哭声，李渔出生了！听到李渔那冲破夜空的哭声，那位长老仰头道："此子非凡胎!"他说李渔不是凡胎，是"仙之侣，天之徒"，于是就为他取名仙侣，字谪凡，号天徒。李渔又字笠鸿，又号笠翁，别署觉世稗官、随庵主人、湖上笠翁等。李渔是中年以后改的名字。

在钱塘江上游，衢、婺、兰三江汇合之处，有一座风景优美，水陆交通便捷，文化历史悠久，民风习俗淳朴，人文古迹遍布的城市，这座城市就是李渔的故乡——浙江兰溪。因兰溪邑内崖岸多产蕙兰，故溪以兰名，邑以溪名。现在这里是浙江中西部重要的工业城市和旅游城市。

据《龙门李氏宗谱》记载，李渔的先祖就生活在兰溪的夏李村。夏李村距兰溪县城约 25 公里，村子里有四五百户人家，全部姓李。李渔的祖先万三太公，名弟几，唐朝时从福建的长汀迁居于浙江寿昌。寿昌位于建德县（今浙江建德市）南，兰溪西北。宋理宗宝祐三年（1255），李渔的祖先再次由寿昌移家浙江兰溪县太平乡龙门山下（今浙江兰溪市孟湖乡夏李村）。至李渔时，已有十四代。子孙繁衍，支脉众多，李渔一支属敦睦堂。李渔的祖父名李似源，生有二子。长子李如椿（李渔的伯父），次子李如松（李渔的父亲）。李如松生有李茂、李仙侣、李皓三子。仙侣即李渔，排行第二。

夏李村虽然风景优美，但是人多地薄，很多人只好出外谋生，所谓"流寓于外者几三分之二"，李渔的家族中也有不少人在江苏如皋古城经营药材，李渔的伯父李如椿有着"冠带医生"的头衔，他在如皋城内开了一家药铺，生意兴隆。李渔的父亲李如松便举家迁往如皋，以助其兄照顾生意。

幸 福 童 年

童年时代的李渔是幸福的，他并不是被拘在家里背诵

"四书五经"，而是有很大的自由。"四书五经"是"四书"和"五经"的合称，是中国儒家的经典。"四书"指的是《论语》《孟子》《大学》和《中庸》；而"五经"指的是《诗经》《尚书》《礼记》《周易》和《春秋》，简称为"诗、书、礼、易、春秋"，在此之前，还有一本《乐经》，合称"诗、书、礼、乐、易、春秋"，这六本书也被称作"六经"，其中的《乐经》后来亡佚了，就只剩下了"五经"。"四书五经"是南宋以后儒学的基本书目，儒生学子的必读之书。

自由的李渔什么书都读，在当时被称为闲书的戏曲小说往往让他爱不释手。李渔的父亲并不想让儿子走什么科举道路，他只希望李渔长大后能跟他一样挣钱养家。他长年在外，对李渔并不是很上心，反而是李渔的母亲更喜欢这个乖巧伶俐、天资颇高的二儿子。"无心插柳柳成荫"，父亲李如松虽然并不看好李渔，李渔却分外聪颖，襁褓识字，虽然没有大人的刻意要求，他却对"四书""五经"过目不忘，总角之年便能赋诗作文，下笔千言。

伯父李如椿很喜爱李渔，他是"冠带医生"，在行医的时候经常带着李渔。李渔便时常被年老的或者中年的贵妇人揽在怀中，塞给他好吃的，与此同时，李渔也有了近距离观察室内摆设、女人服装和化妆等等的机会。而那些达官贵人，也会让这个聪明机灵的小家伙背诵诗词，甚至让他当面作诗。李渔在一生中能够赢得人们的好感，除了他的才情以外，应该说与他童年时候的经历不无关系。

在读书之余，年幼的李渔最喜欢的事情就是观看戏曲，特别是昆曲。

明朝天启初到清朝康熙末是昆曲蓬勃兴盛的时期。当时各阶层的人们对戏曲，尤其是对昆曲的爱好达到了举国如狂的地步。明清的士大夫除了观看昆曲演出外，自己也举行昆曲的清唱活动。由于昆曲的兴盛和人们对昆曲的喜爱，李渔有机会在多种场合看到、听到昆曲。昆曲那缠绵婉转、柔曼悠远，"婉丽妩媚、一唱三叹"的特点，载歌载舞的表现形式以及动作语言在刻画人物性格、表达人物心理状态、渲染戏剧性和增强感染力方面的独特新颖，都在李渔幼小的心中留下了深深的印记。

刻 苦 攻 读

李渔小小年纪就对读书很感兴趣，经常翻看一些书籍，而且能学以致用。《闲情偶寄·词曲部》记载："予襁褓识字，总角成篇，于诗书六艺之文，虽未穷其义，然皆浅涉一过。"李渔同时代的钱塘文人陆梦熊形容他为："髫岁即著神颖之称，于诗赋古文词罔不优赡，每一振笔，滴滴风雨，倏忽千言。当途贵游与四方名硕，咸以得交笠翁为快。"他七岁的时候就能作诗吟诵。李渔每年在自家后院的梧桐树上刻诗一首，来警诫自己不要虚度年华。

天启五年（1625），十五岁的李渔作《续刻梧桐诗》自励，他在梧桐树上刻的诗是："小时种梧桐，桐本细如艾。针尖刻小诗，字瘦皮不坏。刹那三五年，桐大字亦大。桐字已如许，人长亦奚怪。好将感叹词，刻向前诗外。新字日相催，旧字不相待。顾此新旧痕，而为悠忽戒。"

李渔的母亲虽然曾在村里做过"烧镬娘"（女帮工），但是她做事很有主见，无论别人对淘气的李渔怎么看，她坚信儿子是个读书的料，长大会有出息的，于是她尽量为李渔创造好的读书环境。为了让李渔能静心攻读，李渔母亲学孟子的母亲"三迁教子"，将李渔安置到李堡镇上的一座"老鹳楼"里读书。在那里李渔有机会读到很多书籍。

每次伯父或者父亲回家，李渔最喜欢和期待的礼物是大人们带给他从来也没有读过的新书。李渔的伯父往往尽量满足这个聪明的侄子的愿望。李渔一面积累知识，同时也对外面的世界抱有很大的好奇。读书让李渔增长了历史知识，提高了文学素养，而每次从伯父、父亲、哥哥那里听来的奇闻轶事和新鲜的知识，让他的思维更为活跃，思想中时时闪现着新的火花，梦想着有朝一日自己能够走出家门看看外面的精彩世界。

李渔十七岁时，曾有《丁卯元日试笔》诗以遣怀，描写过年时全家欢聚、父母健在的快乐时光，诗中言："岁朝毕竟异寻常，天惜晴明日爱光。春气甫临开冻水，寒梅旋吐及时香。尊前有酒年方好，眉上无愁昼始长。最喜北堂人照旧，簪花老鬓未添霜。"从诗中可以看出这个时期李渔的生活还处于"家素饶，园亭罗绮甲邑内"的富裕状况，因此他也能够过着读书、作诗的悠闲生活。

失 去 父 亲

从万历三十九年（1611）到崇祯二年（1629），李渔一直过着衣食无忧的生活。崇祯二年，正当十九岁的李渔在书山学海中奋读攻研、学有所成的时候，他父亲因病不幸去世，家庭突然失去顶梁柱，全家人顿时陷入困境。父亲的离去，让李渔回到原籍浙江兰溪守丧。

根据当地的习俗，死者下葬后第一晚称"起煞"。按迷信的说法，死者灵魂于死后近期要回家一次，由"眚神"引导，具体回来日期请阴阳先生算定，这天称"回煞"，也称"接眚"。"回煞夜"也叫"还魂夜"，是指亡灵在死后七天，灵魂留在人间的最后一个夜晚。在这个夜晚，亡灵在

"阴官"的押送下，回到亡灵生前最爱去的地方。当然多数亡灵都会回到自己的家，但是回煞时，也就是亡灵来到家的时候，是不能有生人的。为什么不能有生人呢？据说，如果有生人的话，鬼魂听到声响就不会进去，二是有的人"火焰低"（指这个人的运气不好）就会因为看到鬼魂而生病。当日晚间，死者家人要吃蒸馄饨，俗称"接眚馄饨"，对近邻亲友则送状元糕，叫"接牌糕"。在回煞这一夜，家里的人都要回避，把家里空着。而李渔呢，在父亲回煞这一夜，他不但不回避，还写了《回煞辩》一文，驳斥这种迷信的说法，力辩回煞的荒谬。李渔认为，"无煞则不必避，使诚有煞，则又不当避"。因为，古时候的孝子在父亲死后刻木为像，就是因为无法再见到死去的父亲，既然父亲的魂魄要回来看他，为什么要躲避呢？可见李渔并不执着迷信，他的思想观念是有进步色彩的，他"求新""求变"的思想初见端倪。

父亲去世后，全家的生活顿失依靠。这时，哥哥也已经去世，弟弟尚未成年，李渔则尚未成名，家道便从此日渐中落。李渔不得不承担起养活全家人的重任。

虽然父亲的去世彻底改变了李渔全家人的生活，使李渔极为伤痛。但在前一年，对李渔而言也有一件喜事，那就是他娶了一位徐姓女子为妻。这位结发妻子很会料理家事，是个贤内助，李渔多次出游，都靠她照顾家里，李渔很敬重她，和她白头偕老。

牛 刀 小 试

"洞房花烛夜，金榜题名时"是人生两大乐事。品尝了洞房花烛夜的甜蜜之后，李渔更期待金榜题名时。

在守丧的那段时间，李渔有了闲暇。父亲在世的时候一直不支持他走科举的道路，而希望他能够走经商之路。父亲的去世更坚定了李渔谋取功名的决心，他静下心来刻苦攻读。崇祯八年（1635），二十五岁的李渔从家乡到金华府应童子试。当时应考者大都专攻一经，或者只会写八股文章而已，只有李渔"以五经见拔"。当时任主试官的是浙江提学副使许豸，他对李渔的文章大为称赞，并将他的试卷印成专书，每到一地，便替他广为宣传。

许豸，福建侯官人，字玉史，一字玉斧，号平远。崇祯四年进士，历官户部郎、浙江提学副使、左参政。后来李渔为许豸遗稿《春及堂诗》作跋。在其中李渔说："盖春及堂主人非他，乃予一生受德最始之一人也。……侯官夫子为先朝名宦，向主两浙文衡，予出赴童子试，人有专经，且间有止作书艺而不及经题者，予独以五经见拔。吾夫子奖誉过情，取试卷灾梨，另为一帙，每按一部，辄以示人曰：'吾于婺州得一五经童子，讵非仅事！'予之得播虚名，由昔徂今，为王公大人所拂拭者，人谓自嘲风啸月之曲艺始，不知实自采芹入泮之初，受知于登高一人之说项始。……迨今甲寅岁，其象贤公于王先生乘骢按浙，予适过之，先生出此帙示予。"便是说他得以声名远播，自始至终能得到王公大人的青睐，人人以为是从写作嘲风啸月的文章开始，其实全是受益于许豸老师对他的大力推荐。

在给许豸儿子的《与许于王直指》书中，李渔对许豸的知遇之恩仍心存感激，他说："受先夫子特拔之知，四十年来报恩无地。"

童子试便首战告捷，使李渔信心更足，读书也更加刻苦。崇祯十年，李渔在金华入府学攻读学业。尝到了读书成名甜头的李渔，大有"一日看尽长安花"的快意。岂料他的科举之路却并非如期待中那样尽如人意，而是黯淡无光。

乡 试 受 挫

崇祯十二年，二十九岁的李渔年少气盛，以为此次考试会如探囊取物一般轻而易举，哪料满腹豪情地到省城杭州参加乡试，却名落孙山。始料不及的打击，如当头一棒，让李渔苦闷异常，曾经的五经童子竟会与乡试无缘！这让自视甚高的李渔怎么也想不通。他不由牢骚满腹。在寄给同试落榜友人的诗中写道："才亦犹人命不遭，词场还我旧诗豪。携琴野外投知己，走马街前让俊髦。酒少更宜赊痛饮，愤多姑缓读《离骚》。姓名千古刘蕡在，比拟登科似觉高。"在诗中，李渔将自己比作晚唐时的才士刘蕡，声称自己文才并不输给别人，命运却比别人差，只好赊酒痛饮，借读《离骚》抒愤罢了。

时过一年，李渔仍对此耿耿于怀。在崇祯十三年元日作的《凤凰台上忆吹箫》仍叹功名不就："昨夜今朝，只争时刻，便将老幼中分。问年华几许？正满三旬。昨岁未离双十，便余九，还算青春。叹今日，虽难称老，少亦难云。闺人也添一岁，但神前祝我，早上青云。待花封心急，忘却生辰。听我持杯叹息，屈纤指，不觉眉颦。封侯事，且休提起，共醉斜曛。"此词写出李渔年纪渐长却功名不遂，妻子徐氏期待他中举的心急情切。在新年期间，他借酒浇愁，连妻子都为他着急心焦。李渔只好叫她暂时放下封侯事，一起沉醉于酒杯当中。

李渔是位有思想、有追求的人，他不会轻言放弃。经过三年多的刻苦攻读和精心准备，崇祯十五年（1642），李渔再赴杭州应试，这是明王朝举行的最后一次乡试，由于局势动荡，李渔无奈中途闻警返回兰溪。作《应试中途闻警归》诗，言："正尔思家切，归期天作成。诗书逢丧乱，耕钓俟升平。帆破风无力，船空浪有声。中流徒击楫，何计可澄清？"写出想念家人及忧虑国家前途的心情。"中流徒击楫"，是将自己比喻为在江中击桨发誓恢复中原的祖逖，但是因为明朝的社稷早已千疮百孔，纵然自己有澄清天下的大志，却毫无力挽狂澜的计策了。后又经李自成起义、崇祯帝自缢、清军入关等一系列事件，国难当头，兵荒马乱，李渔求取功名的愿望化为泡影，仕进的理想逐渐破灭，心灰意冷，惆怅不已，在无可奈何的情况下，不得已做出了改变生活道路的抉择，遂萌发了"耕钓俟升平"之念。

李渔去杭州参加过三次乡试，却都未能如愿，李渔仰天长叹，恨自己生不逢时，仕途难愿。崇祯十四年春，李渔三十一岁，母亲刚去世不久，有《夜梦先慈责予荒废举业，醒书自惩》诗，言："予失过庭教，重为泣杖人。已孤身后子，未死意中亲。恍惚虽成梦，荒疏却是真。天教临独寐，砺我不才身。"写出荒废举业、愧对亡母、梦而惊觉的复杂心情。

次年的清明节，李渔在为母亲扫墓的时候，百感交集，痛哭失声："三迁有教亲何愧，一命无荣子不才。人泪桃花都是血，纸钱心事共成灰。""灰"和"血"是李渔当时心情的写照。写出愧对亡母的悉心教育,自己却无法让她引以为傲的悲痛。李渔的情感在母亲的墓前得以宣泄,极度苦闷的他心灰意冷,不知何去何从。在《壬午除夕》诗中再度写出对亡母的思念,言:"酒债征除夜,难赊此夕酣。五穷不缺一,八口尚余三。少贱诸艰试,常愁万态谙。逆知明岁好,苦尽自来甘。"其中的八口,指李渔的母亲、妻子徐氏、大女儿淑昭,另外的四人则为仆人。"八口尚余三",便是指母亲已逝,只剩下三个至亲而已。

在这个时期值得一提的一件事就是李渔引以为豪的携活虎回乡。当时婺城地方的山民猎到两只小虎,送给汤县的司马瞿萱儒,瞿司马便把其中的一只小老虎送给刚好上门拜访的李渔。李渔将小老虎带回家中时,沿途吸引了不少围观的民众,使原本只有半天的路程却走了三天三夜。李渔的《活虎行》诗描写了当时的盛况,"百里内外之人,无不就观异物。而富贵之家又以闺人不见为恨,走书固索,词极哀恳,咸以先见为荣,不得为辱。"因此,李渔感叹地说:"男儿纷纷向予乞,案头书牍日盈尺。家住深山来远亲,不是知交亦相识。人以为荣我独羞,身不能奇假物奇。纵使凤凰栖我庭,麒麟驺虞产我宅,彼自瑞兮何与吾,丈夫成名当自立。"

青年时代的李渔风华正茂,血气方刚,性情豪放不羁,常常是"尊前有酒年方好,眉上无愁昼始长。最喜北堂人照旧，簪花老鬓未添霜"。丁澎在为李渔的诗集作序时，说他"为任侠，意气倾其座人"。然而，随着父母先后过世，家道中落，美好幸福的日子只能成为一种甜蜜的回忆。李渔试图与以前的生活告别。

第 2 章

乡居生活——思想的形成期

避 乱 山 中

与以前告别是为了开始新的生活。可是李渔的新生活又是什么样子呢?

崇祯十六年（1643）前后，因为"兵燹之后，继以凶荒"，李渔只好将辛苦置办的产业拱手让给他人。又因为兰溪的家也在战乱中被毁，无家可归。无奈之下，受新任婺州司马许檄彩的邀请，李渔到许檄彩幕府中做了两年的幕僚。

许檄彩是江南（今属江苏）常熟人，名宸章，字檄彩。崇祯十五年起任金华府通判。李渔曾作七律《乱后无家暂入许司马幕》，谓"丧家何处避烽烟，一榻劳君谬下贤"，又有"只解凌空书咄咄，那能入幕记翩翩？时艰借箸无良策，署冷添人损俸钱"之句。李渔还在《许青浮像赞》记录了这件事情："（橄彩许公）以吾郡别驾，即擢吾郡司马。怜才好士，客我于署中者凡二年。自鼎革以后，音问不通，闻已溘焉朝露矣。"

李渔入幕的时间，大约在崇祯十七年（即顺治元年，1644）七月到顺治二年（1645）六月，清军入杭州时结束。在此期间，许橄彩还为李渔做媒，帮他娶了一位曹姓的妾。李渔《纳姬三首》序中谈到了此事："姬即曹氏，为故明某公之幼妾，娶未期年而寡。"

崇祯十七年，明朝山海关总兵吴三桂降清，引兵入关，清兵占领北京。同年十月，福临在北京即皇帝位。在明清两个朝代交替之年，三十四岁的李渔到山中避乱，作《甲申纪乱》《甲申避乱》等诗。

他在《甲申纪乱》诗中记述了当时的避难情况："入山恐不深，愈深愈多祟。内有绿林豪，外有黄巾辈。表里俱受攻，伤腹更伤背。又虑官兵入，壶浆多所费。贼心犹易厌，兵志更难遂。乱世遇萑苻，其道利用讳。可怜山中人，刻刻友魑魅。饥寒死素封，忧愁老童稚。人生贵逢时，世瑞人即瑞。既为乱世民，蜉蝣即同类。难民徒纷纷，天道胡可避？""绿林豪"，乃指山中的强盗；"黄巾辈"，则指李自成、张献忠等农民起义军。此诗道出身处乱世、人命如蜉蝣的可悲：老百姓怕被兵火波及，只好躲入深山中，然而入山越深，作祟也越多。因为深山中埋伏有山贼，外面则有流贼四窜。可怜的老百姓在山贼、流贼的腹背攻击之下，还要忧虑官兵的入剿，又要张罗军粮茶水的费用。

李渔不禁感叹道："贼心容易满足，官兵的野心却无穷。"在这种情况下，躲避在山中的百姓只好时时刻刻跟魑魅为友。"饥寒死素封，忧愁老童稚"二语，便是道出"有钱人死于饥寒之下，年轻人因忧愁致老"的惨状。面对众多避乱的难民，诗人只能无奈地说："天道胡可避？"乱后，他有《婺城乱后感怀》诗，言"重入休文治，纷纷见未经。骨中寻故友，灰里认居停"，写乱后景象——在骨堆中寻找故友，在灰尘中辨认自己居住地的悲惨事件。又有《吊书四首》诗（李渔自注"兵燹后作"），其一言："心肝尽贮锦囊中，博得咸阳片刻红。终夜敲推成梦呓，半生吟弄付飘风。文多骂俗遭天谴，诗岂长城遇火攻。切记从今休落笔，兴来咄咄只书空。"此诗名为"吊书"，写出了呕心沥血之作被火焚时的沉痛，虽然他语带讽刺地说："切记从今休落笔，兴来咄咄只书空"，但事实上，他并未放弃写作，曾在《闲情偶寄》卷六《颐养部·素常乐为之药》中说道："予生无他癖，忧借以消，怒借以释，牢骚不平之气借以铲除。"

清兵入关后，李渔终身未应举，而以著书、演戏、游走四方为生。李渔的家曾经是"园亭罗绮甲邑内"的小康之家，但由于连年战火，家被毁了、书被焚了，只好将自己收藏的剑、琴、砚、画等宝物陆续卖掉。《卖剑》诗言："自得昆吾宝，磨砻费苦辛。忍心捐旧物，割爱付他人。"《卖琴》诗言："一琴三十载，相伴客穷途。既已缘贫卖，难言待价沽。"《卖砚》诗则说道："送君闲处去，古石免教穿。"《卖画》诗云："价廉真作赝，售急古疑新。"从以上诗句可以推测："剑"为宝剑，"琴"为古琴，"砚"为古砚，"画"为名画，这些物品都是明代中晚期文人雅士喜爱收藏的东西。能拥有这些宝物，在一定程度上说明李渔是一个非常注重生活质量的人。李渔在小说、戏曲中屡次写到买姬置妾、家姬唱戏等情节，与他过去的生活经历有很大的关系。

八咏楼上题联

清兵入关以后，遭到汉族军民的强烈抵抗，顺治二年（1645）四月，清军进攻南明，兵围扬州。史可法正在扬州督师，固守孤城，急命各镇赴援，但各镇抗令，拒不发兵。清军趁机诱降，被史可法严词拒绝。清军主帅多铎先后五次亲自致书，史可法都不启封缄。清军攻城，史可法率军民浴血而战，历七昼夜。城破，军民逐巷奋战，大部壮烈牺牲。城破时史可法被俘，多铎劝谕归降，史可法说："城存与存，城亡与亡，我头可断，而志不可屈。"遂英勇就义。史可法身亡后，高邮总兵刘肇基率领军民与清军展开巷战，直至人尽矢绝。

扬州失守后不久，南明弘光政权灭亡，清军迅速占领江南各地。六月，清廷颁布"留头不留发，留发不留头"的"剃发令"，强令汉族人民剃发、蓄辫，极大地伤害了汉族人民的民族自尊心，江阴人民群情激愤，十余万人召开集会，宣告："头可断，发决不可剃！"集会群众杀了知县方亨，推举县主簿陈明遇与前任典史阎应元为领袖，揭起抗清义旗。江阴人民抗击清军八十天，击败清军三十万大军，杀死清兵七千五百人，后被镇压。清军屠城三日，十七万余人被杀。史称"江阴三日"。

同年六月，清军再下剃发令，"今中外一家，君犹父也，子犹民也，父子一体，岂可违异。若不画一，终属贰心。自今布告之后，京城内外限旬日，尽令剃发。遵依者为我国之民，迟疑者同逆命之寇，必置重罪。"命令十天之内，江南人民一律剃头。这一举动严重伤害了江南百姓的民族感情，于是纷纷起而抗清。其中嘉定人民的抗清活动尤为顽强激烈。剃发令下后，清嘉定知县强制剃发，城郊居民一呼而起，打败来剿清军。人民公推黄淳耀、侯峒曾出面领导抗清。降将李成栋率清兵猛攻，城中居民冒雨奋战，坚守不屈。清军用大炮轰城，始得攻入。侯峒曾投河而死，黄淳耀自缢，城中无一人投降。清军愤而屠城，杀两万余人后弃城而去。次日朱瑛又率众入城，组织抗清，复败，再遭清兵屠杀。八月十六日，明将吴之藩起兵，反攻嘉定，亦败，嘉定第三次遭屠城。史称"嘉定三屠"。

清初的这几起屠城事件，让素有东南第一大都会、"雄富冠天下"之称的扬州等三座美丽如画的城市被血雨腥风所笼罩，烟花古巷变成屠宰场，繁华都市化为废墟。这三起惨案就发生在李渔身边。虽然李渔已经是一位成年男子，但作为一介儒生的他能做的还是躲在山中避乱。这一年李渔作了一首诗《避兵行》。次年，李渔又作了《婺城行吊胡仲衍中翰》《挽季海涛先生》等诗，悼丙戌死难者。

在许檄彩幕府中做幕僚期间，李渔结识了朱梅溪。朱梅溪是明朝的宗室，生于楚地，李渔言其"久仕谏垣，以敢言获罪，初贬江右，再迁浙东"。崇祯末年来金华府屈居幕僚。李渔与之结成忘年之交。两人志趣相投，来往很是密切。

一次，朱梅溪邀李渔去金华城东南隅的八咏楼赏景，并请他为此楼题联，以弥补该楼有诗无联的缺憾。八咏楼原名玄畅楼，后改名元畅楼，是历代文人墨客吟咏之盛地。八咏楼位于金华市城区东南隅，坐北朝南，面临婺江，楼高数丈，屹立于石砌台基上，有石级百余。此楼系南朝齐隆昌元年（494）东阳郡太守、著名史学家和文学家沈约建造。竣工后沈约曾多次登楼赋诗，写下了不少脍炙人口的诗篇，其中有一首《登元畅楼》云："危峰带北阜，高顶出南岑。中有凌风榭，回望川之阴。岸险每增减，湍平互浅深。水流本三派，台高乃四临。上有离群客，客有慕归心。落晖映长浦，焕景烛中浔。云生岭作黑，日下溪半阴。信美非吾土，何事不抽簪。"并在此基础上又增写了七首诗歌，称为《八咏》诗，是当时文坛上的长篇杰作，传为绝唱，故从唐代起，以诗名改元畅楼为八咏楼。八咏楼自创建以来，不仅与历代文人名士结下了不解之缘，也与英雄人物有着密切关系。唐代的王维，宋代的李清照，元代的赵孟頫等诗人、书法家都曾慕名前来登临题咏，留下不少绘景状色的诗文名篇。元末农民起义军的重要将领胡大海、明代抗倭名将戚继光、太平天国侍王李世贤等，都曾登上八咏楼检阅他们的部队。因此，八咏楼跟诗人的名篇、英雄的故事融合在一起，千古长存。

因为有了前人的名篇，后人便不敢轻易在八咏楼上吟诗撰联。李渔会怎样呢？一向敬重李白且以李白后人自居的李渔登上八咏楼，金华城的美景尽收眼底，他不慌不忙地将楼上的名人题咏全部浏览了一遍，不觉脱口而出"沈郎去后难为句，婺女当头莫摘星"一联，朱梅溪与同行的人一听，拍案叫绝。朱梅溪当即命人将这两句制匾后悬于楼柱上。三年后，清兵攻入金华，楼遭灾，联遭毁，李渔也被迫离开金华回到了兰溪。但李渔在八咏楼题联的佳话却流传至今。

改 冠 剃 发

顺治三年（1646）八月，清军攻占金华，李渔的诗记述了那悲惨的一幕，"婺城攻陷西南角，三日人头如雨落。"功名不遂，在金华也待不住了，李渔选择了归隐故乡，回夏李村居住，作《丙戌除夜》诗。回到家乡的李渔原以为乡下会清静许多，可归家所见，只是"骨中寻故友，灰里认居停"，家道也早已中落。而更使他伤心的是，性命与俱的著述和藏书都被焚毁了，不禁深有感慨地写道："始信焚、坑非两事，世间书尽自无儒。""国事尽由章句误，功名不自揣摩来。""切记从今休落笔，兴来咄咄只书空。"更让李渔痛心的是难逃新朝廷的"剃发令"。

"剃发令"在清军入关时的1644年曾颁布过，后因引起汉人的不满和反抗，于是废除。1645年，清兵进军江南后，汉臣孙之獬受到其他汉族大臣的排挤，恼羞成怒之下向摄政王多尔衮提出重新颁布"剃发令"。孙之獬是山东淄川人，明朝天启年间进士，官至侍讲。清军入关后，他俯首乞降。清世祖为收揽人心，让他当了礼部侍郎，其时世祖因天下未定，允许明朝的降臣上朝时仍穿明朝服饰，命令满、汉大臣各站一班。孙之獬求宠心切，有心"标异而示亲"。一日上朝时，他不但剃了发、留了辫，还改穿了满族官吏的服装。当群臣步入朝堂站班时，他大摇大摆走进了满族大臣的行列。哪料他的行为不仅招致满族大臣的不满，也遭到汉臣嘲弄。两方都不让他入班。搞得孙之獬进退不得，狼狈万分。恼羞成怒之下，他向顺治帝上了一道奏章，奏章中说："陛下平定中国，万事鼎新，而衣冠束发之制，独存汉旧，此乃陛下之从汉旧，而非汉旧之从陛下，难言平定，难言臣服也。"顺治本有恢复"剃发令"的意思，便顺水推舟批准了孙之獬所奏，再次下达了"剃发令"。规定清军所到之处，无论官民，限十日内尽行剃头，削发垂辫，不从者斩。大部分汉族人民都剃发结辫，改穿满族衣冠；坚持不愿改换衣冠者要么被杀，要么逃到海外，要么遁入空门带发修行。李渔对这一伤害民族自尊心的暴行虽然强烈不满，但为了保全性命，他还是剃了发，并自称为"狂奴"，他在诗中写道："髡尽狂奴发，来耕墓上田。屋留兵燹后，身活战场边。几处烽烟熄，谁家骨肉全？借人聊慰己，且过太平年。"

怎样"且过太平年"呢？李渔想到了隐居故乡——夏李村。他试图"用这种远避尘世、从此不再过问政治和社会，亦即采取对新建立的清政权不合作态度的方式，来表达他作为一个儒生应有的民族气节和对已经不复存在的明朝的悼挽之情"。

归农学圃

顺治四年（1647），李渔回到兰溪，"归农学圃"。

虽然有被迫剃发的无奈，但乡下的自然风光还是让李渔兴奋不已，他在伊山度过了一段较为轻松快乐的山居生活，在此期间李渔醉心于构建伊园和咏赏自然风光。他在小说《闻过楼》（《十二楼》中的一篇）中说："予生半百之年，也曾在深山之中做过十年宰相，所以极谙居乡之乐；如今被戎马盗贼赶入市中，为城狐社鼠所制，所以又极谙市廛之苦。"描写的便是伊山别业中的三年山居生活。上文中的"半百之年"和"十年宰相"之说，不可当作事实看待，只不过是作者的假借之词而已。

李渔自誉为"识字农"，在伊山头的"先人墟墓边""新开一草堂"，这新开的草堂就是被称为伊山别业的李渔的乐园——伊园。李渔园林技艺的最初杰作便是伊园，而伊园也释放了李渔前半生的美学思想。

伊山其实只是一个小土丘，"高才三十余丈，广不溢百亩，无寿松美涧、诡石飞湍足娱悦耳目，不过以在吾族即离之间，遂买而家焉。"但李渔却能因地制宜，经过他别具手眼的设计和安排，伊园内廊、轩、桥、亭等诸景一应俱全。李渔对自己的设计才华也极为满意，他曾言，伊园都可与杭州西湖相媲美，"只少楼台载歌舞，风光原不甚相殊"。并写下《伊园十便》和《伊园十二宜》(其实共有十首)等诗篇来歌咏田园之乐。《伊园十便》指的是：《耕便》《课便》《钓便》《灌园便》《汲便》《浣濯便》《樵便》《防夜便》《吟便》《眺便》；《伊园十二宜》为《宜春》《宜夏》《宜秋》《宜冬》《宜晓》《宜晚》《宜晴》《宜阴》《宜雨》《宜风》。吴修蟾评这两组诗时说："十便兼以十二宜，即之五车亦堪南面，况笠翁胸富万卷，笔扫千言，百城应退三舍。"美丽的家乡、可人的伊园让李渔陶然，唐代的大诗人王维有辋川别业，而李渔自己有伊山别业。"此身不作王摩诘，身后还须葬辋川"，李渔便打算学王维，在伊山别业隐居终生。

月是故乡明，家乡在李渔的心中是最美的。李渔用诗歌表达自己对居处的赞美之情，《伊山别业成，寄同社五首》诗中有"山麓新开一草堂，容身小屋及肩墙""数椽恰好面清流，竟是寒江一钓舟。蓬户无人常不闭，湘帘虽设却还钩。窗虚受月浑三面，池小容鱼仅百头"之句，写出了伊山的清幽环境。这个伊山，在瀫水的西边，并不见于地图，高有三十多丈，广不满百亩，虽然没有美丽的松竹、诡谲的山石和飞湍的泉流来娱悦耳目，但是因为它距离李渔的族人不远，还算得上是个理想的别业。在这之前，李渔还写过《归故乡赋》，诗里写道："至乃鸡犬欢迎，山川相识。农辍锄以来欢，渔投竿而相揖。骚朋韵执，索佳句于奚囊；逸叟闲夫，访新闻于异国。家无主而常扉，草齐腰而没膝。燕迁旧垒之巢，鹊喜新归之客。虫网厚兮如茧，蜗迹纷兮如织。书破蠹肥，花稀棘密。妻颜减红，亲发增白。幸犹归之及今，悔长征之自昔。""男子生兮，弧矢四方。世莫予宗兮，盍归父母之邦。采兰纫佩兮，观瀫引觞。与鼎食而为萍为梗兮，宁啜菽而为梓为桑者也。"在外的诸种不顺遂，让李渔表露出了归隐之意。

李渔在《闲情偶寄》卷六《颐养部·夏季行乐之法》中回忆这段山居生活时，曾有如下的描写："追忆明朝失政以后，大清革命之先，予绝意浮名，不干寸禄，山居避乱，反以无事为荣。夏不谒客，亦无客至，匪止头巾不设，并衫履而废之，或裸处乱荷之中，妻孥觅之不得；或偃卧长松之下，猿鹤过而不知；洗砚石于飞泉，试茗奴以积雪；欲食瓜而瓜生户外，思啖果而果落树头，可谓极人世之奇闻，擅有生至乐者矣。从此则徙居城市，酬应日纷，虽无利欲熏人，亦觉浮名致累。计我一生，得享列仙之福者，仅有三年。"从诗中可以看出李渔山居生活的状况。他悠游闲适，随心所欲，抛弃了尘世的纷扰。用飞泉洗涤砚石，用积雪烹煮茶叶，如果想吃新鲜瓜果，随手便够得着。要么"裸处乱荷之中"，要么"偃卧长松之下"，充分享受田园之趣。这一段山居生活真算得上是李渔一生之中难得的幸福时光。

造 福 乡 里

有才子之誉的李渔，有着多方面的才能，对水利工程方面也有一定的研究。李渔虽然过着怡然自得的田园生活，但这并非李渔所愿。李渔是一位有着博爱之心的人。他非常关心村里的事情，他在伊山村头的大道旁倡建了一座遮风躲雨的凉亭，取名为"且停亭"，他曾在亭上题写了"名乎利乎，道路奔波休碌碌；来者往者，溪山清静且停停"的对联。此联有些来历，相传有位皇帝曾问一老僧："江上来来往往有多少张帆？"老僧答道："只不过两张帆，一张为名，一张为利。"皇帝觉得言之有趣，拍手笑道："好！好一个为名为利。"李渔写此联旨在劝诫世上为名利忙碌奔波者，不妨在这"溪山清静"处"且停停"。将"且停"之名巧嵌入联，寓意深刻，让人回味无穷。此联一直为后人传颂，此亭被列为中国十大过路凉亭之一。

李渔倡导的修凉亭等一件件公益事业，赢得了父老乡亲的称赞，乡亲们对他深为敬重。顺治八年（1651），李渔被乡民推举为宗祠总理，这个头衔，更让他深知肩上的重任。李渔亲手订下李氏宗祠《祠约十三则》，又主持修撰了《龙门李氏宗谱》。

不仅如此，李渔的眼光还延伸到了兴修水利之上。在李渔的倡议下，乡亲们在夏李村耕耘的同时，还建起了四处石坝，连接附近的两条小溪。开凿了三条堰坑，环绕全村，使周围上千亩良田得到了"自流灌溉"，既改善了农田水利，也解决了村民饮水的困难，让大家受益至今。据《龙门李氏宗谱》记载："伊山后石坪，顺治年间笠翁重完固。彼时笠翁构居伊山之麓，适有李芝芳任金华府刑厅之职，与笠翁公交好，求出牌晓谕，从石坪处田疏凿起，将田内开凿堰坑一条，直至且停亭，复欲转弯伊山脚宅前绕过。公意欲令田禾使有荫注，更欲乘兴驾舟为适情计也。"

李渔当年倡议建造的四处石坝，至今还保留着一处，原名叫石坪坝，后人为了纪念李渔，把石坪坝改称为李渔坝。李渔坝长 9.7 米，宽 1.6 米，高 3 米，设计精巧别致。排水口呈凸弧形，从排水口奔流而出的水清澈透明。尤具匠心的是坝体中部有一处长 60 厘米的方孔，从坝体外侧一直延伸到坝体内侧，呈一定坡度，该孔与上游河底衔接处，覆盖着一块方石。遇上河床泥沙淤积，打开方石排沙。淤泥伴随着流水，从排沙孔喷泻而出。需要灌溉之时，便放下方石，坝内水位就会升高，溢过坝左侧的引水渠，流向四周的田野。与现在大型的拦水大坝相较，李渔坝算不上壮观，但该坝不仅历史悠久，且其科学治水的价值在当时便引起关注和好评，在江南水乡保留至今的古水利工程之中，单独设立排沙孔的并不多见，李渔坝便是其中的一个代表。

第 3 章

杭州十年——思想的发展期（上）

寻 找 契 机

乡间也非久居之地，由于兴修水利与邻村发生争执，李渔作为当事人之一，不得不离开家乡。顺治九年（1652），已过不惑之年的李渔携全家往杭州谋生。

本来作为药商家庭，李渔的家境还算是比较富裕的，但经过明末清初连年的兵乱，家道便逐渐衰落下去。在他当时作的一些诗文中，经常可以看到一些叙写生活贫困的篇章，其中写卖楼的就有两三处，后来连他亲自置下的百亩伊山，连同靠亲告友而建造的住宅即伊山别业也卖给别人了，举家迁杭，可谓困难重重。

俗语云："上有天堂，下有苏杭。"杭州的西湖充满着灵气与娇美，三月的西湖更是莺飞草长，满眼是轻柔的亮红、欲滴的淡绿、鲜亮的嫩黄，真是"浓妆淡抹总相宜"。西湖的美景，杭州的人文古迹让多少人流连忘返。而对于初到杭州又没有多少家底的李渔来说却无暇欣赏这美丽如画、胜似天堂的美景，李渔首要的任务便是筹措资金，将一家老小安置下来。但初来乍到，人生地不熟，尽管有朋友的接济，但李渔一家处境仍然十分尴尬。从"家素饶，园亭罗绮甲邑内"到如今的漂泊异地陷入困顿，李渔才初次体验到了什么是举步维艰，穷途欲哭。

一向乐观的李渔并没有气馁，他为其在杭州的寓所题名为"武林小筑"，并在此暂时居住下来。他坚信，在杭州站稳脚跟虽然不是件容易的事，但是一定有谋生之路可走。李渔便经常在杭州城的大街小巷、戏馆书铺前转悠、寻觅。李渔是一位有心人，他试图不断接触各种各样的人，特别是文化人，因为李渔清楚自己的特长在哪里。通过长时间的观察和试探，李渔发现，杭州这座繁华的都市，人们的受教育程度比家乡兰溪高出很多，从豪绅士大夫到一般市民，对戏剧、小说都有着浓厚的兴趣，杭州城的市民文化生活十分丰富。满街的茶铺、酒楼之上，说书、演唱戏曲乃至通俗小曲的随处可见，而且城里书铺甚多，小说等休闲书销路很好。

早在南宋时期，杭州便产生了一种可以演唱的"小词"，这些"小词"的歌词和曲调都很通俗。《梦粱录》中记载："街市由乐人三五为队，擎一、二女童舞旋，唱小词，专沿街赶趁。"又据《武林旧事》载："酒楼……又有小鬟，不呼而至，歌吟强聒，以求支分，谓之擦座。"这些所谓"擦座""赶趁"的流散艺人，演唱场合不是勾栏教坊，而是茶肆酒楼，沿街卖唱；演唱对象不是公卿士族，而是引车卖浆之流。他们所唱的"小词"，更加适应下层市民的欣赏水准。《闹五更》《寄生草》《罗江怨》《于荷叶》等民间的戏曲小调因为鲜活和生动，特别受人欢迎。

"何不自己也试着写传奇呢?"如果朝这方面发展，"卖赋以糊其口"是不成问题的，还可以使自己这个无名之辈在杭州城崭露头角。李渔是一个敢想敢干的人，考察好了，主意定了，那就要行动了，李渔果敢地走上了一条被时人视为"贱业"的"卖文字"之路。

而这个选择的结果也是李渔自己始料不及的，作为一位文化产业方面的快刀手，李渔在到杭州的第一年就写出了传奇《怜香伴》和《风筝误》。《怜香伴》《风筝误》是李渔最早的两部有影响的剧作，特别是《风筝误》，奠定了李渔作为清初重要戏剧家的地位。他后来在答友人书中说："此曲浪播人间几二十载，其刻本无地无之。"

创 作 传 奇

写作传奇是李渔生平最大的"癖嗜"，他自称是"曲中之老奴""歌中之黠婢"。关于李渔的戏剧创作，据他本人和同时代人郭传芳说，有"前后八种""内外八种"共十六种，但现在可以肯定的却只有十种，即为《奈何天》《比目鱼》《蜃中楼》《美人香》《风筝误》《慎鸾交》《凰求凤》《巧团圆》《意中缘》《玉搔头》(以上十种合刻称《笠翁十种曲》)。其中，演出最多的是《风筝误》一剧。

到明清时期，放风筝已成为一种民间风俗，特别是在文化氛围浓厚的杭州地区，每到春天，很多人都到郊外放风筝。

顺治九年（1652）的一天，李渔正在自家院中看书，突然一只风筝落了进来，孩子和家人都跑出来围着风筝兴奋地指指点点，李渔心头一喜，这风筝可是能做出大文章来的！他一拍椅背，连声说："有了，有了！"说完转身跑回房内，铺开纸在上面重重地写下三个字"风筝误"。一连几天李渔都沉浸在创作的喜悦之中，他足不出户，闭门挥笔疾书，不多久，传奇《风筝误》写成。李渔在《风筝误》中也就有了"清明近，游人闹，好风光，大家欢笑，风筝糊就到春郊，高高放去，又有一场脾躁"的开场白。

《风筝误》说的是：书生韩世勋题诗风筝上，纨绔子弟戚施放风筝，风筝线断，四处飘摇，恰巧落入詹府，被詹府才貌双全的二小姐詹淑娟拾到，詹淑娟也未多想，重新题诗一首，由此引出一连串误会与巧合，生出了韩世勋、戚施与詹府两位小姐两桩相互纠葛的婚事。剧作围绕因放风筝时风筝前后落入不同人之手而产生误会展开情节，并由此误会引发韩世勋对詹淑娟的许多误解，波折不断，情节愈演愈奇。戚施放风筝，风筝上有韩世勋的题诗，线断后风筝落到詹淑娟院里，詹淑娟见风筝上有诗就和诗一首写在旁边，风筝讨回后和诗被韩世勋看见，他大为惊喜，便又在风筝上写诗一首并故意把风筝放到詹府，不料风筝却落在詹爱娟院里，詹爱娟冒充詹淑娟邀韩世勋来府幽会，韩世勋也假冒戚施之名深夜赴约。两人见面后韩世勋"惊丑"落荒而逃，后来当韩世勋中元立功、戚施之父戚补臣代他做主配订詹淑娟时，韩世勋以为所要迎娶的就是前已见过的丑女詹爱娟。拒婚不成，韩世勋只得相从。最后是才子韩世勋与美貌才女詹淑娟终结连理，而詹爱娟这位没才没貌的丑女与不学无术的公子结亲，全剧以喜剧收场。

《风筝误》一剧脉络贯通，情节波澜起伏，引人入胜，深受人们喜爱。孙治在《李氏五种总序》中言："又得《风筝误》本，读而善之。"虞镂在《风筝误》序中说："我笠鸿行惇曾史，才妙机云，芳体锦心，几于遗世独立，顾以负俗之累，悴游泽畔。"石鲸《柬李笠翁》曰："《怜香》《风筝》诸大刻，弟坐卧其中旬日矣。丹铅匣密，评赞如鳞，每食必籍以下酒。昨者偶失堤防，竟为贪人攫去，不啻婴儿失乳。敢向左右，再乞数册，以塞无厌之求。得则秘枕，虽同寓诸子垂涎，不使入帐也。"

在创作《风筝误》之前，李渔还写了传奇《怜香伴》。《怜香伴》讲述了曹有容携女儿曹语花进京赴试，途经扬州，寄住崔府的家庵雨花庵中。崔笺云见到曹语花所题诗句，心生爱慕，与曹语花结为姐妹。崔笺云改扮男装游玩，被曹有容看到背影，因其身有奇香，心中生疑，强令女儿迁往老友汪仲襄家中。汪仲襄的学生周公梦为曹语花貌美所迷，欲捷足先登，在曹有容面前搬弄是非，范介夫烦表兄张仲友做媒遭到拒绝。曹有容携女儿进京，范介夫听从崔笺云之计，易姓为"石"携家室赴京。曹有容中第后，为女儿招考女伴，崔笺云化名考中，被曹有容认作义女，与曹语花相聚。范介夫与张仲友亦中试，曹有容欲将义女嫁与改名换姓的范介夫，崔笺云将计就计，让曹语花扮新人与范介夫拜堂，并向曹有容及众人说明了真相。这个故事反映了当时家庭都甚为重视女子的文化教育，女子的思想也比较开化。孙治在《李氏五种总序》中说:"见有《怜香伴》者,雅为击节。"

《怜香伴》和《风筝误》这两部传奇的问世让李渔这位名不见经传的人物在杭州城里声名鹊起。尝到了甜头的李渔一发不可收,于顺治十二年(1655)写出了传奇《玉搔头》。

中国古时,将洁白如玉,芳香娇莹,含蕊如簪,朝开暮卷的花称之为玉簪花;皇宫里官人搔头所用的白玉,亦叫作"玉簪"或"玉搔头"。李渔在《玉搔头》传奇中写明武宗微行大同,托名威武将军,与妓女刘倩倩之间的情事;其中又贯以王守仁、许进辅佐武宗平宸濠事。黄鹤山农在《玉搔头》序中介绍了李渔创作该剧的情形。"《玉搔头》者,随庵主人李笠翁所作。其事则武宗西狩,载在太仓王公《逸史》中。其时则有逆藩之窥觊,群邪之盗弄,王新建之精忠,许灵宝父子之正直,及刘娥之凛凛贞操,无一不可以传,而惜未有传之者。乙未冬,笠翁过萧斋,酒酣耳热,偶及此,笠翁即掀髯耸袂,不数日谱成之。"

李渔一生写过数十种传奇,几乎全是喜剧。李渔特别强调作品的娱乐性,他自己曾公开宣称他的目的就是引人发笑,"一夫不笑是吾忧"。其大部分作品格调不高,趣味庸俗,但有其特色,即主要是浓郁的喜剧性。他的剧本别出心裁,标新立异,在构思布局等方面能够"随时更变""变旧为新",大多情节曲折、关目新颖,引人入胜,结构巧妙,能摆脱前人窠臼，别具一格。

拟话本小说

李渔是位通才，在杭州期间，他不仅以传奇著名，而且在创作了几部传奇后，又向拟话本小说领域进发了。陋屋寒灯常明，凝思奋笔不辍。不久，短篇小说《无声戏》面世了，作品以惊人的速度向各地流传。

顺治十三年（1656），李渔的十二篇短篇小说汇集成《无声戏》一集刊行。《无声戏》又名《连城璧》，是短篇白话小说集。由《谭楚玉戏里传情刘藐姑曲终死节》《老星家戏改八字穷皂隶陡发万金》《乞儿行好事皇帝做媒人》《清官不受扒灰谤义士难申窃妇冤》《美妇同遭花烛冤村郎偏享温柔福》《遭风遇盗致奇赢让本还财成巨富》《妒妻守有夫之寡懦夫还不死之魂》《妻妾败纲常梅香完节操》《寡妇设计赘新郎众美齐心夺才子》《吃新醋正室蒙冤续旧欢家堂和事》《重义奔丧奴仆好贪财殒命子孙愚》《女子守贞来异谤朋侪相谑致奇冤》组成。后又有《连城璧外编》六卷：《婴众怒舍命殉龙阳抚孤茕全身报知己》《落祸坑智完节操借仇口巧播声名》《说鬼话计赚生人显神通智恢旧业》《待诏喜风流攒钱赎妓运弇持公道舍米追赃》《受人欺无心落局连鬼骗有故倾家》《仗佛力求男得女格天心变女成男》。《无声戏》是继"二拍"之后较为重要的白话短篇小说集，流露出明显的市民意识。

《无声戏》刻本较为复杂，现存《无声戏合集》（残存二篇，图十二篇）；《无声戏》（存十二回），《无声戏合选》（残存四册九回）；《连城璧全集》（存十二回）、外编（四回）；《连城璧》（日本佐柏文库藏本，内存十二回，外篇六卷）。顺治十七年，前明兵部尚书张缙彦为大学士刘正宗诗集作序有句曰"将明之才"为人劾奏，谓其有复明之意。据《世祖实录》载其罪之一是："为缙彦者，正当洗心革面，以图报称，乃守藩浙江，刻有《无声戏》二集一书，诡称为不死英雄，以煽惑人心。"结果，张缙彦本当依律处斩，后从宽免死，籍没家产，流徙宁古塔，《无声戏》也因此受到禁毁。

顺治十四年，李渔虽然在杭州、金陵（今江苏南京市）之间往来，但他还是笔耕不辍，这一年，《奈何天》传奇、《无声戏》二集问世。昆曲剧本《奈何天》完成了，正逢著名诗人钱谦益和爱妾柳如是到杭州，钱谦益看完剧本后，大加赞赏，将李渔与汤显祖并提。李渔的《奈何天》《玉搔头》至今仍是昆腔的经典唱本。

顺治十五年，李渔的声名越来越大，南京等地也逐渐有了李渔的作品。他的第二部短篇小说集《十二楼》问世。《十二楼》亦名《觉世名言》。"十二楼"其名源于《史记》。《史记》记载:"方士有言'黄帝时为五城十二楼,以候神人于执期,命曰迎年'。"《汉书》有"黄帝时为五城十二楼"。应邵注:"昆仑玄圃五城十二楼,仙人之所常居。"比喻仙境。全书共十二卷,由《合影楼》《夺锦楼》《三与楼》《夏宜楼》《归正楼》《萃雅楼》《拂云楼》《十卺楼》《鹤归楼》《奉先楼》《生我楼》《闻过楼》十二个短篇小说组成,全书多写男女恋情,思想较为开放,但也间有低级庸俗之处。此书有清初清闲居精刊本。道光二十四年(1844),浙江湖州知府禁淫词小说,将此书列入禁毁书目中。

顺治十六年,《古今史略》《蜃中楼》传奇问世。

顺治十七年,五十岁的李渔开始了更大范围的文化活动,他的交往圈不断扩大,商业意识更为活跃,他开始编辑《尺牍初征》,吴梅村为《尺牍初征》作序。

顺治十八年,《比目鱼》传奇问世。李渔有余暇游览桐庐严陵西湖,并写了《严陵西湖记》一文。在文中,李渔写出了山城古郡之西湖的独具天然之趣。文中写道:"武陵有西湖,严陵亦有西湖;武陵西湖有南北二峰,严陵亦有二峰。予未至时,意其效颦于杭,莫之神往。岁辛丑,偶经斯地……呼船未至,先循岸而眺。时日已昃,樵担下云,万峰变态，深浅隐现非一状。枫始丹而未匀，有如桃杏初裂；群鹭归栖林莽，又若梨李之烂开。景物宜人，几认白帝为青帝。客之工诗与画者，皆喜得异料云。昔人比西湖于西子，言其媚也。予谓在杭者绰约而绮丽，是既入吴官者也；此则露倩冶于浑朴，其在苎萝村乎?"

无声戏与有声戏

李渔认为小说与戏曲有着融通之处，因而他将自己的短篇小说集命名为《无声戏》。《无声戏》之名，取与"有声戏"，即戏曲相反之意，意在描绘一出出人生舞台上的活剧。其中所收录的故事大都是百姓喜闻乐见的民间传闻，涉及了社会生活的各个方面：士、农、工、商，无所不包。李渔说："窃怪传奇一书，昔人以代木铎。因愚夫愚妇识字知书者少，劝使为善，诫使勿恶，其道无由，故设此种文词，借优人说法，与大众齐听。谓善者如此收场，不善者如此结果，使人知所趋避，是药人寿世之方，救苦驱灾之具也。"可见，作者对于这些民间故事的采择利用是有其鲜明目的的。惩恶劝善是这部小说集的基本主题之一。

很多优秀的古代小说常常具有强烈的戏剧性，充满着波澜起伏的矛盾冲突。小说戏曲兼擅的李渔曾称自己的小说为

"无声戏"，在他看来，戏曲是有声的小说，小说则是无声的戏曲，二者艺术媒介有异，精神内蕴相通。时人"素轩"在李渔《回文传》小说第二卷后评道："稗官为传奇蓝本。"这也可以代表李渔的看法。古代小说之所以被大量地改编为戏曲，这显然是个重要原因。在李渔的《笠翁十种曲》中，《奈何天》《凰求凤》《比目鱼》《巧团圆》四种传奇，就是根据他自己的小说改编而成的。

传奇《奈何天》是由《无声戏》第五回《美妇同遭花烛冤村郎偏享温柔福》改编而成的。小说讲的是明嘉靖年间，湖广荆州府有位财主名叫阙里侯，五官四肢皆有残疾，别号阙不全。娶妻邹氏，貌美绝代，邹氏嫌其丑陋，乃把书房改为静室，在家中参禅礼佛。阙里侯心中愤懑不平，又遣媒人物色二房，娶美妇何氏为妾，何氏婚后亦无法忍受其貌，入静室，与邹氏为伴。阙里侯不甘罢休，又娶吴氏为妾。吴氏不仅才貌双全，而且奉行"三纲五常"，替阙里侯劝邹氏和何氏安心认命，三人共奉阙里侯，后均生子。阙里侯因丑陋有恶疾而不得多行房事，因此得享高年，八十方死。而由小说改为戏曲时，在《奈何天》的结尾，李渔将阙里侯由极丑的男子变为极美之人，做官且高寿，得以颐养天年，表现出李渔才色并重的思想。

传奇《比目鱼》改编自《无声戏》中第一回《谭楚玉戏

里传情刘藐姑曲终死节》。小说讲的是嘉靖末年，浙江衢州府西安县有位女旦刘绛仙之女名叫刘藐姑，刘藐姑聪明伶俐，随母亲学戏，早早成名。一天，一位翩翩少年谭楚玉观看她们母女演戏，为刘藐姑容貌所倾倒。为了接近刘藐姑，谭楚玉不惜以书生之身而入戏班学戏。谭楚玉、刘藐姑二人同台演出，日久生情，互生爱慕，于是假戏成真，私订终身。岂料节外生枝，刘藐姑又被当地一富翁相中，此富翁家中已有多个姬妾，欲娶刘藐姑为第十二房小妾。刘藐姑之母刘绛仙贪恋钱财，面对千金聘礼为之心动，与富翁商定于十月初三夜做完神戏后将刘藐姑抬至其家成亲。十月初三夜，刘藐姑无法事前告知谭楚玉自己将要以死抗婚，她便点了一出《荆钗记》，在演戏的中间，刘藐姑纵身跳入戏台前溪水中，谭楚玉见状，也紧随其后跳下。后来，二人大难不死，双双回到谭楚玉的家乡。谭楚玉发愤读书，三年后进学中举，又中进士，殿试后被选为福建汀州府节推。后来，谭楚玉辞官而归，与刘藐姑隐居山中，颐养天年。顺治十八年（1661），李渔将此故事改编为杂剧《比目鱼》。

在我国古代，比目鱼是象征忠贞爱情的奇鱼，古人留下了许多吟诵比目鱼的佳句："凤凰双栖鱼比目""得成比目何辞死，愿作鸳鸯不羡仙"等等。作为一位生活中的有心人，李渔对比目鱼也极为喜爱，他于是将自己这篇描写才子佳人的爱情故事改编为杂剧，剧本就命名为《比目鱼》。

杂剧《比目鱼》与小说并非完全一致，谭楚玉和刘藐姑跳入水中这前半段的情节基本一致，而后半段的剧情则如下：隐士打鱼，恍见比目之鱼，用渔网将二人救起，谭楚玉和刘藐姑复生；问明缘由，为之完婚，并赠谭楚玉金，令其赴试。后来富翁钱百万被山寇掳去，留充军师，危害地方。谭楚玉应试高中，被授为司理，率兵平寇。慕容介被嫌，谭楚玉为他申雪，得侠士闻某助，讨平山寇，斩钱百万雪恨。

较之小说，杂剧《比目鱼》情节更为曲折，内容也更加丰富了。其积极意义在于，它表明合理的爱情婚姻应是男女双方才貌相当、情感相投，而不是门第的高低和金钱的多寡，客观地暴露了父母之命、媒妁之言的封建婚姻制度的弊端。

山阴女子王端淑甚喜《比目鱼》，为之题序"辛丑闰秋"。是年为顺治十八年。在序中王端淑言："笠翁以神道设教归之慕容介，其实皆自道也。说者谓文章至元曲而亡，笠翁独以声音之道与性情通，情之至即性之至。藐姑生长于伶人，楚玉不羞为鄙事，不过男女私情。然情至而性见，造夫妇之端，定朋友之交，至以国事灭恩，漪兰招隐，事君信友，直当作典谟训诰观。吾乡徐文长先哲为《四声猿》，千古绝唱，《比目鱼》其后先于喁也哉!"王端淑认为李渔在创作这个剧本时，"以忠臣信友之志，寄之男女夫妇之间"，以男女之私情写人类共有之情，用戏曲的形式写"贞妇烈夫"，符合儒家的文以载道的传统，有利于道德风教，应该作为后世道德的范本。

从此事可以看出李渔的作品在女性受众中的反响。王端淑为明末清初才女，字玉映，号映然子，又号青芜子。山阴（今浙江绍兴市）人。明代著名学者、作家王思任的次女。生卒年待考，约顺治（1644—1661）前后在世，卒时八十余岁。酷爱读书，亦书画兼工。所著有《吟红集》三十卷，又有《玉映堂集》《史愚》和《留箧恒心无才宜楼诸集》；所辑有《历代帝王后妃考》；另外还选辑明代以来妇女诗文，编成《名媛诗纬》和《名媛文纬》两书。

李渔还有一部由小说《生我楼》改编的戏曲，叫《巧团圆》。《巧团圆》一剧主要讲述姚克承的故事。姚克承出身不明，时常在梦中登上一座小楼，并发现自己儿时的玩具。时遇李自成起义，邻居姚家广有家财，且有世职，欲收其为义子，为考验他乱世中是否会营生，让他去松江做生意。姚家女暗与他订下婚姻之约。尹小楼老来无子，家财万贯，亦有世职，为找到一个满意的继承人，游访到松江，举牌卖身作父。姚克承将其买下，恭敬侍奉。尹老道出真情，姚克承欲先娶姚家女儿，遂约定在尹老家乡会面，二人分手后，尹老发现忘记告知克承自己真实姓名，后悔不已。这段时间里，尹老之妻和姚家女儿都被闯王军队掠走，姚家夫妻逃亡在外。尹妻与姚女在军营中相识、相知，并同时被卖。姚克承回家后，先后买回二人，夫妻意外相逢。此时姚女之父被朝廷封官，不得再隐逸下去，正准备去讨贼。姚克承三人，既找不到所认义父，又不能回姚家，遂决定去尹妻家，到家发现夫妻、义父义子团圆。在尹家，姚克承发现梦中之楼，原来尹氏夫妻正是他的亲生父母。姚家岳父找上门来，仍要姚克承入赘。二位父亲都拿出世职要他继承，却传来姚克承中乡试第四名的好消息。一家人皆大欢喜，以大团圆结束全剧。

《巧团圆》最大的特点如题目所写：巧。李渔在情节安排上别出心裁，运思工巧，密针细线。一开始便安排梦境，既给观者以暗示，又使人疑问不断。姚克承的身世之谜贯穿整个剧中，各种阴差阳错也因此而生，使剧本非常适合舞台表演，达到了很好的舞台效果，引人入胜。大团圆的结局也是李渔戏剧的显著特点。

莫愁钓客、睡乡祭酒为《巧团圆》第四出所写的一则批语说："笠翁之曲，工部之诗，俱得力于兵火丧乱。可见文人遭遇，无境不可，不必定如太史公以名山大川为有益之地也。"可见，《巧团圆》的成功也有赖于李渔的坎坷经历。

改编唐传奇

　　李渔不仅将自己的小说改编为传奇，还想在前人的小说中做文章。李渔极为喜爱唐传奇。传奇本是传述奇闻逸事的意思，唐传奇是指唐代流行的文言短篇小说。它远继神话传说和史传文学，近承魏晋南北朝志怪和志人小说，发展成为一种以史传笔法写奇闻逸事的小说体式。唐传奇内容更加丰富，题材更为广泛，艺术上也更成熟。唐传奇"始有意为小说"，标志着中国古代小说创作进入了一个新的阶段。唐传奇题材广泛，大多取材于现实生活。其中数量最多、成就最高的是描写婚姻爱情题材的作品，如《柳毅传》《莺莺传》《李娃传》《霍小玉传》等。这些佳作往往让李渔拍案叫好。

　　由于唐传奇的兴起本身与民间文学有一定关系，在其发展过程中又不断吸收民间的素材，使得文人创作同大众的爱好有所接近，这对于文学的发展也是很重要的。在众多的传奇作品中，追求自由的爱情成为中心主题，而妓女、婢妾这类社会底层的成员成为作品歌颂的主角，这反映着大众的心理。所以它为后世面向市井民众的文艺所吸收。

　　最显著的是在元明戏曲中，大量移植唐传奇的人物故事进行创作，诸如王实甫《西厢记》源于《莺莺传》，郑德辉

《倩女离魂》取材于《离魂记》，石君宝《李亚仙诗酒曲江池》取材于《李娃传》，汤显祖《紫荆记》取材于《霍小玉传》等等，不下数十种。可以说，唐传奇为中国古代一大批优秀的戏曲提供了基本素材。

唐传奇的精华之一《柳毅传》进入了李渔的视野。《柳毅传》是唐朝李朝威的作品。李朝威（约766—820），唐代著名传奇作家，陇西人。他的作品仅存《柳毅传》和《柳参军传》两篇，后代戏曲家多取为题材。其《柳毅传》被鲁迅先生与元稹的《莺莺传》相提并论。他本人也被后来的一些学者誉为传奇小说的开山鼻祖。曾慥《类说》引《异闻集》题作《洞庭灵姻传》，应为原题。小说写的是洞庭龙女远嫁泾川，受其夫泾阳君与公婆虐待，幸遇书生柳毅代传家书至洞庭龙宫，龙女叔父钱塘君将其救回洞庭，钱塘君认为柳毅传书有功，便令龙女与柳毅成婚。柳毅因传信乃急人之难，起初并无私心杂念，加之他对钱塘君态度之颐指气使也有几分不满，于是拒婚，告辞而去。而此时龙女对柳毅已生爱慕之心，自誓不嫁他人，柳毅为龙女之真情感动，后二人终成眷属。

《柳毅传》在晚唐已流传颇广。唐末裴铏所作《传奇》中《萧旷》一篇，已言"近日人世或传柳毅灵姻之事"。唐末传奇《灵应传》亦言及钱塘君与泾阳君之战，宋代苏州又有柳毅井、柳毅桥的附会（范成大《吴郡志》卷六"古迹"、卷一七"桥梁"）。在李渔之前，将《柳毅传》演成戏曲者，有元代尚仲贤《柳毅传书》、明代黄惟楫《龙绡记》、许自昌《橘浦记》。

李渔却能自出手眼，将《柳毅传》翻新为《蜃中楼》，情节更为奇特，人物形象更加鲜明、丰满，曲词亦甚华美。戏曲《蜃中楼》将一对佳偶变成两双璧人，戏中柳毅与好友张羽相约一同寻找佳人，柳毅在海市蜃楼上得遇两个龙女，一个叫舜华，一个叫琼莲，柳毅为自己和朋友各订一位。不料，回到龙宫，舜华却发现叔父钱塘君已将她错配泾河君，她坚决不从，却迫于父母和叔父的威逼，不得不出嫁，但那却是名义上的婚姻，她成亲第二日便到海边牧羊，如汉代的苏武一样，饱受磨难，后来巧遇柳毅。张羽代柳毅传书，舜华柳毅始得成姻，张羽亦煮海而得与东海龙女成婚，皆大欢喜。

演绎"意中缘"

李渔戏曲中值得一提的还有《意中缘》。李渔的传奇，较少以历史人物为题材，《意中缘》是个例外。《意中缘》讲述的是明代大书画家董其昌、陈继儒与才女杨云友、名妓林天素巧结姻缘的故事。这部传奇铺演朱青湖《西湖遗事诗》中所记载的董其昌、陈继儒轶事，并加以虚构而成。庄一拂编著《古典戏曲存目汇考》卷十一著录："演杨云友、林天素事。据嘉兴女子黄皆令序，两人虽与董其昌、陈继儒相识，初未尝为其妾媵。作者以两女擅画，自应配天下名流擅书画者，一时才人，无过董、陈，以杨归董，林归陈，而标曰'意中缘'。剧情变幻，皆系纽合。"关于戏曲题材的处理，李渔在《闲情偶寄》中有这样的论述："传奇所用之事，或古或今，有虚有实，随人拈取。"《意中缘》虽多少有"纽合"之嫌，但李渔却能自出手眼，能自圆其说。

董其昌（1555—1636），为海内文宗，执艺坛牛耳数十年，是晚明最杰出的书画家之一，其绘画对明末清初的画坛影响很大，并延及近代。董其昌虽然出身贫寒，但在仕途上春风得意，青云直上。他于万历十七年（1589）举进士，开始了此后几十年的仕途生涯。他当过编修、讲官，后来官至南京礼部尚书，太子太保等职。董其昌才溢文敏，通禅理、精鉴藏、工诗文、擅书画及理论。长于山水，注重师法传统技法，追求平淡天真的格调，讲究笔致墨韵，墨色层次分明，拙中带秀，清隽雅逸。《画史绘要》评价曰："董其昌山水树石，烟云流润，神气俱足，而出于儒雅之笔，风流蕴藉，为本朝第一。"

陈继儒（1558—1639），华亭（今上海市松江区）人，字仲醇，号眉公、麋公。为明代文学家和书画家，与董其昌同郡，两人交好且名声不相上下。善诗文、书画，书法师从苏轼、米芾，书风秀雅萧散。擅墨梅、山水，画梅多册页小幅，自然随意，意态萧疏。其山水多水墨云山，笔墨湿润松秀，颇具情趣。既擅画又长于评画，论画倡导文人画，重视画家的修养，赞同书画同源。有《梅花册》《云山卷》等传世。著有《陈眉公全集》《小窗幽记》等。

董其昌、陈继儒在当时才名甚高，剧中二人均为名重才高所累，每日索求书画者盈门，深为所苦，拟寻访可以代笔的人来应付书画债。在西湖边得知钱塘贫儒杨象夏的女儿杨云友貌美而多才，擅长模仿董其昌的书画；寄身西湖的闽莆名妓林天素，善于模仿陈继儒的书画。湖上名士江秋明素与董、陈二人交好，便欲为四人牵线搭桥。林天素与陈继儒有缘订结百年之好，但林天素提出先回故乡安放父母灵柩后再完婚，在归乡途中遇强贼，被掠上山中，后被救出。杨云友却被一位恶僧假作董其昌骗走，幸亏杨云友有胆有识，从魔掌逃脱，受尽波折，终究是两对佳人终成眷属。李渔认为，才女配才子，方是士大夫理想生活，故捏合成戏。

才女黄媛介曾为《意中缘》题序。她在序中言"笠翁先生性好奇服，雅善填词，闻其已事，手腕栩栩欲动，谓邯郸宁耦厮养，新妇必配参军，鼓怜才之热肠，信钟情之冷眼，招四人芳魂灵气，而各使之唱随焉。奋笔缔章，平增院本家一段风流新话，使才子佳人良愿遂于身后"。从中可以看出黄媛介对李渔写《意中缘》的赞赏之情。

黄媛介，嘉兴人，字皆令。少即通诗文，及长有才名，人比之为古代的卫夫人。工诗赋，又善画山水。其才在当时引起文人墨客的重视，与钱谦益、柳如是关系密切，诗作多有所唱和。钱谦益在《赠黄皆令序》中说黄媛介的诗"骨格老苍，音节顿挫。云山一角，落笔清远"。柳如是与黄媛介乃笔墨至交、闺中好友。钱家藏书楼绛云楼落成时，柳如是请她到绛云楼做客，两人挥毫泼墨，诗词酬唱，被吴中一带的闺中才媛视为风雅盛事。吴伟业曾作《鸳湖闺咏》，对黄媛介的艺术成就大加赞赏。黄媛介一生坎坷，但清贫自守。清兵进占江南时被掳，后辗转以归，后以闺塾师终。著作有《湖上草》《越游草》《离隐词》等，传于世。黄媛介艺术作品遗存到现代的有《流虹桥遗事图》，该画系应王士祯所嘱而作，王有题诗。

从黄媛介的身世可以看出，她与《意中缘》中的女主人公有某些相似之处，因之她感慨良多。

杭 州 友 人

　　李渔是个喜欢热闹的人，写作传奇带来的收益，让他有了心情游山玩水，结交朋友。在闲暇时，李渔邀上三五好友，或出入于酒楼茶肆听戏曲，或泛舟西湖赏美景。这些人里就有"西泠十子"中的毛先舒、丁药园、陆圻、孙宇台、胡彦远、沈亮臣、汪然明等文人学士，以及张缙彦、卫贞元、纪子湘等官场人物。

　　西泠，又名西陵，杭州的桥名，故"西泠十子"又称"西陵十子"。清朝顺治、康熙年间，杭州诗人陆圻、丁澎、柴绍炳、毛先舒、孙治、张丹、吴百朋、沈谦、虞黄昊、陈子龙十人结西泠诗社于湖上，因而有此称。柴绍炳与毛先舒编有《西泠十子诗选》行世，谓"西泠派"。

　　李渔文学上的知音当首推毛先舒。毛先舒曾为李渔诗文集作评，他称李渔是"墨舞笔歌，驱染千古"。李渔与毛先舒在杭州初识，此后成为至交。毛先舒（1620—1688），原名骥，字驰黄，后改名先舒，字稚黄，浙江钱塘（今浙江杭州市）人。自幼聪慧过人，六岁能辨四声，八岁能咏诗，十岁能作文，十八岁就著刊《白榆堂诗》。他的才华深得名士陈子龙的赏识，并师事陈，后又随学者刘宗周讲学。明亡后，不求仕进。他的诗歌，首调嘹亮，音律规整，有建安七子余风，以古学振兴西泠，排列"西泠十子"之首，对音韵训诂学有较深研究。与萧山毛奇龄、遂安毛际可并称"浙中三毛，文中三豪"。又以作词喜用"瘦"字，被沈东江嘲为"毛三瘦"。其著述宏富，有《东苑文钞》二卷、《东苑诗钞》一卷、《思古堂集》四卷、《匡林》二卷、《声韵丛说》《韵问》《南曲入声客问》等传于世。李渔曾有《与孙宇台毛稚黄二好友》书、《寄怀毛稚黄同学》诗及对联《毛稚黄迁居》等。

他乡遇故知是人生一大乐事，在杭州，李渔意外地遇到了早年相识于金华的文友、"西泠十子"之一的丁澎。李渔曾作有《与丁飞涛仪部》书、七律《赠丁药园仪部》词、《满江红·读丁药园扶荔词喜而寄此勉以作剧》等。丁澎也为《笠翁诗集》作序，为《论古》作评。两人多次唱和互勉。李渔言："卖文尽有山中禄，莫更飞翔仪远心。"丁澎（1622—1686），字飞涛，号药园，浙江仁和人，回族。其祖父丁鹤年是明朝著名的诗人。丁澎为清顺治十二年（1655）进士，官刑部主事，迁礼部郎中。工诗词，早岁就有诗名。在京中，又与宋婉、施闰章、张谯明、周茂源、严沆、赵锦帆等唱和，号称"燕台七子"。著有《扶荔堂集》《扶荔词别录》《白燕楼诗》《信美轩集》。李渔与其最初相交于金华，丁澎《笠翁诗集序》曰："顺治初即识之于婺州，谈说时务，欢然无所忤。时李子方少壮，为任侠，意气倾其坐人。"后又在金陵相聚。

顺治中，李渔与"西泠十子"之一的陆圻也来往密切。陆圻（1614—？），字丽京，一字景宣，号讲山。浙江钱塘（今浙江杭州市）人。明贡生，与陈子龙、夏完淳等交善。早富诗名，因受庄廷钺"明史案"株连下狱，获释后出家为僧。有《威凤堂集》《从同集》传世。李渔有《闻老友陆丽京弃家逃禅寄赠二首》《癸卯元日》等诗寄陆圻。陆圻也作有《贺李笠翁新娶》书，并为李渔的诗文集、《闲情偶寄》、《论古》等作评。

李渔与孙宇台于顺治年间在杭州相识，后成为莫逆之交。李渔在《与孙宇台》书中称："予向在湖上时，益友二三，于吾宇台首屈一指。"并请孙宇台为其著述作评，曰："弟十年之内，著述颇繁。四海同人，非序即评，皆有华衮之锡；独生平最密之宇台，茫无只字。缺陷世界，未有过于此者。兹作一诗奉寄，兼以新刻附览，择其可评者评之。"孙宇台曾为李渔的《风筝误》《玉搔头》《奈何天》《蜃中楼》等传奇作序，对李渔极为称赞。并为李渔写《尺牍初征启》《李笠鸿诞儿诗启》《四六初征序》，还点评过《一家言》。孙宇台，生卒年不详。名治，字宇台，号鉴庵、西山樵者。

浙江钱塘人。陆圻妻弟，明诸生。敦行谊，尚气节，与陈廷会并为遗民高士之首。工诗文，为"西泠十子"之一。著有《孙宇台集》《鉴庵集》。

李渔与胡彦远相识结交于杭州，有《复胡彦远》书及《答胡彦远述游况萧索》诗。胡彦远为李渔的《奈何天》作序，为诗文集、《论古》作评。胡彦远（1616—1664），初名士登，改名介，字彦远，号旅堂。浙江钱塘人。明诸生，入清未仕，归隐于山水之间，后游京师。长于作诗，著有《旅堂诗集》《旅堂文集》《河渚集》。

李渔从兰溪移居杭州时与沈亮臣相识，两人乃布衣之交，来往甚为密切。李渔在《沈亮臣像赞》中称"居杭十年，仅得一友。沈子亮臣，淡而能久"。沈亮臣，生卒年不详，名晋垣，字亮臣，又字亮辰，浙江仁和（今浙江杭州市）人，诸生。精于医术，淡泊自守。先居杭州，后寓居京师。

李渔与丁耀亢也曾经有过交往。顺治十八年，丁耀亢赴惠安任，在杭州滞留数月，其滞留的缘由是刻印《续金瓶梅》之事。在丁耀亢居杭期间，李渔曾与丁耀亢等人多次游湖宴集。丁耀亢有《王仲昭、孙宇台、章式九、李笠翁载酒招游湖上，陆鹤田移舟就饮》五古一首。丁耀亢（1599—1665），山东诸城人，字西生，号野鹤，又号木鸡道人，自称紫阳道人。仕途蹭蹬，曾师从著名书画家董其昌，喜与人结交。著述有《续金瓶梅》和四种传奇，诗词集《逍遥游》《椒丘集》《陆舫诗草》《江干草》《归山草》《听山亭草》，辑为《丁野鹤遗稿》。其诗词"踔厉风发，少作即饶风韵，晚年语更壮浪，开一邑风雅之始，县中诸诗人皆推为前辈"。

晚 年 得 子

顺治十七年，李渔五十岁。没有儿子一直是他的一块心病。常言道："不孝有三，无后为大。"不孝有三指的是哪几点呢？《孟子·离娄》上说："不孝有三，无后为大，舜不告而娶，为无后也，君子以为犹告也。"《十三经注疏》中在"无后为大"下面有注云："于礼有不孝者三，事谓阿意曲从，陷亲不义，一不孝也；家贫亲老，不为禄仕，二不孝也；不娶无子，绝先祖祀，三不孝也。三者之中无后为大。"就是说：一味顺从，见父母有过错而不劝说，使他们陷入不义之中，这是第一种不孝；家境贫穷，父母年老，自己却不去当官挣俸禄来供养父母，这是第二种不孝；不娶妻生子，断绝后代，这是第三种不孝。而没有后代（主要是指没有儿子）是三种不孝里面最为严重的一种。

想到自己都已年过半百，仍是膝下无子，虽然一向喜欢热闹，李渔还是推谢了亲朋好友欲为他举行五十岁寿辰的好意。回想这五十年走过的路，李渔感慨良多。写下了《五十初度答贺客》一诗："尽日为农曲水边，偶因客至罢耘田。穷愁岂复言初度，衰病空劳祝大年。艾不服官今已矣，岁当知命却茫然。纷纷燕贺皆辞绝，止受心交一字怜。"

不想喜事却姗姗来迟。李渔刚过完生日一个月，他的侧室纪氏为他生下一个儿子。晚年得子，李渔大喜过望，大摆宴席庆贺，并作诗铭记。其中一首七绝《五十生男自题小像志喜》中言："年逾四十便萧条，人说愁多面色凋。欢喜若能回老态，十年霜鬓黑今宵。"又有七律《庚子举第一男，时予五十初度》："五十生男命不孤，重临水镜照头颅。壮怀已冷因人热，白发催爷待子呼。"得子的欣喜让李渔壮怀激烈，又有少年之感。

李渔为儿子取名"将舒"，其用意从他所写的《名诸子说》中"天下事莫妙于将，而莫不妙于既"一句中可以看出，李渔说："将者，将然未然之词也。既，则令人观止矣。"又说："吾欲诸子顾名思义，人各用将，凡事皆然，不独功名富贵。富而不将，则以满致溢；贵而不将，则由高得险。戒之哉！"

五十岁之前李渔为没有儿子而愁肠百结，而自从五十岁添长子将舒后，次年，纪氏又为他生子将开。五十二岁时，纪氏再生一子取名将荣。过了一个月，侧室汪氏也生一子，取名将华。后来又得将芬、将芳、将蟠三子，但是将荣、将芬早殇，到后来剩下五个儿子。

杭州十年，可以说是李渔家庭、事业双丰收的时期。他不仅广交朋友，喜得贵子，家庭条件不断改善，而且该时期也是他创作的旺盛期。在短短数年间，李渔连续写出了《怜香伴》《风筝误》《意中缘》《玉搔头》等六部传奇及《无声戏》(《连城璧》)、《十二楼》两部白话短篇小说集，这数量不能不说是惊人的。这些作品，基本上以男女爱情故事为内容，大多取材于现实生活，热情歌颂男女青年对爱情的向往和追求。李渔创作的这些通俗文学作品虽然在当时被正统文人所不齿，视为末技，但由于通俗易懂，贴近市民生活，寓教于乐，适合观众、读者的欣赏情趣，所以作品一经问世，便畅销于市场，被争购一空。尤其是他的短篇小说集，更是受到读者的欢迎，成为抢手货。这一时期，李渔对社会和人生的看法基本成形，他的"求新""求变"的思想进一步发展。

李渔称自己的作品是"新耳目之书"，一意求新，不依傍他人，也不重复自己。他努力发现"前人未见之事"，"摹写未尽之情，描画不全之态"，故事新鲜，情节奇特，布局巧妙，语言生动。他的小说重在劝善惩恶，同情贫穷的下层人物，歌颂男女青年恋爱婚姻自主，谴责父母之命、媒妁之言，批判假道学，具有一定反封建的进步意义。后人在评论他的小说成就时，称他的《无声戏》《十二楼》两个短篇小说集是继冯梦龙、凌濛初的"三言""二拍"之后不可多得的优秀作品，是清代白话短篇小说中的上乘之作。

第4章

金陵岁月——思想的发展期（下）

初 到 南 京

随着事业的发展和家庭成员的增加，需要谋求更大的发展空间，李渔将目光锁定在文人荟萃、虎踞龙盘的六朝古都南京。顺治十九年（1662）前后，李渔举家迁往南京，开始了他文化事业上的全新时期。李渔在南京一待就是二十年。

此前，由于维护版权等事务，李渔经常往来于杭州与南京之间，并携家小在金陵小住。黄鹤山农在《玉搔头序》中所谓"挟策走吴越间，卖赋以糊口"指的就是李渔的这段生活。李渔对南京有了充分的了解，他看好南京，认为南京更有利于自己以后的发展。

虽然明朝迁都北京，但南京仍然是留都，仍保持所有的中央机构，也就是说，明朝有两套同时运行的中央机构，皇帝在南、北两京交替办公。南京这个名称也就是那个时候出现的，那时的南京与北京地位是一样的，为全国的政治经济文化中心。秦淮河与夫子庙是南京的标志，李渔与它们有着一定的渊源。

秦淮河是南京第一大河，是十里秦淮最繁华之地。自古以来，夫子庙就是秦淮皇冠，闪烁着迷人的光彩。这里人文荟萃，商贾云集，素有"江南佳丽地"之美誉。范蠡、周瑜、谢安、李白、杜牧等数百位著名的军事家、政治家、文学家在这里留下了足迹。

夫子庙即孔庙，夫子庙是孔庙的俗称，原来是供奉和祭祀孔子的地方。始建于宋，位于秦淮河北岸的贡院街旁。夫子庙以庙前的秦淮河为泮池，南岸的石砖墙为照壁，照壁全长110米，是全国照壁之最。北岸庙前有聚星亭、思乐亭；中轴线上建有棂星门、大成门、大成殿、明德堂、尊经阁等建筑；另外庙东还有魁星阁。夫子庙不仅是明清时期南京的文教中心，同时也是居东南各省之冠的文教建筑群，是秦淮风光的精华。

明远楼是贡院内楼宇之一，位于贡院中央，原是用来监视应试士子的行为和院落内执役员工有无传递关节的设施。

"明远"是"慎终追远，明德归原"的意思。李渔曾为明远楼撰写并题楹联，联云："矩令若霜严，看多士俯伏低徊，群嚣尽息；襟期同月朗，喜此地江山人物，一览无遗。"此联既写科举考试之严酷，也抒发了李渔本人的愿望：通过考试选拔出栋梁之材。一"看"一"喜"，紧扣了夫子庙明远楼这一主题。

可以说，居住南京期间是李渔一生最舒心的日子。从杭州移居金陵时，他准备在这里大干一场。李渔先在金陵闸暂居了一段日子，后来几经挑选在孝侯台边购得一屋，因"地止一丘"，故取名为芥子园。李渔在题芥子园中有联"孙楚楼边觞月地；孝侯台畔读书人"。在联中点出了芥子园的环境，即邻近孙楚酒楼和孝侯台。孝侯台又称"周处台"，地处南京城东南隅老虎头旁。

《凰求凤》与"秦淮八艳"

秦淮河沿岸人烟稠密，经济发达，这里孕育了南京的古老文化，被称为"南京的母亲河"。闲暇之时，李渔与三五好友，泛舟秦淮河上，观赏河两岸的秀美风光，赏曲填词，不亦乐乎。

明末清初的秦淮河一派勾栏瓦肆，歌舞升平，笙歌彻夜的景象。其中青楼林立，尽是风尘女子的世界，俨然成为明代最为繁华的歌舞地。许多青楼都收留父母双亡、孤苦无依的童女，教其琴棋书画、诗词歌舞，待其长成后便成为青楼中的招牌。柳如是、李香君、卞玉京、顾眉生、寇白门、陈圆圆、董小宛、马湘兰皆是由雏妓养成秦淮河"绝色"的。她们不仅个个相貌身材一流，而且诗词歌舞样样精通，长成后都成为南曲名妓。因为她们都生活在秦淮河上，人们称其为"秦淮八艳"，又称"金陵八艳"。

这八位风尘女子与一般的妓女有很大的不同。她们在诗词和绘画方面都有很高的造诣。她们八人个个能诗会画，只是作品大部分已经散失，只有柳如是作品保留下来较多，她们用诗词曲赋来表达自己的生活感受。此外，也是最重要的一点是她们都具有民族气节。八艳中除马湘兰以外，其他人都经历了由明到清的改朝换代的大动乱。"秦淮八艳"虽然是被压迫在社会最底层的妇女，在国家存亡的危难时刻，却能表现出崇高的民族气节。

"秦淮八艳"都是被逼上青楼的。她们迫不得已迎来送往，但内心更渴望爱情和友谊，并对爱情和友谊十分忠诚。她们无不想找一位情投意合的如意郎君终生厮守。以色貌才气而名冠秦淮河的"秦淮八艳"几乎无人不知，无人不晓。当时文人墨客慕名而来者何止百千？诸多叱咤风云的历史人物的命运皆与她们有着密切关系。她们的艳丽不仅令凡俗之人动心，更令许多英雄才子为之神魂颠倒。她们中的李香君、卞玉京、董小宛与金陵四公子中的侯方域、方以智、冒襄的风流韵事被时人传为美谈。吴三桂因红颜陈圆圆而"冲冠一怒"，竟然改写了历史。

李渔与名士钱谦益和八艳之一的柳如是相熟识，李渔对柳如是的品节和行为也深为了解，很是赏识。柳如是被陈寅恪先生称作"女侠名姝"，她是一位有胆有识的侠女子。她敢爱敢恨，据说她与钱谦益的结合，还有一段佳话。柳如是先在盛泽青楼习诗词歌赋，爱慕大诗人陈子龙不果，转而赴常熟寻访钱谦益。钱谦益开始以为是一名寻常的青楼女子求见，认为有辱斯文，不值一见。待看了柳如是留在墙上的《踏莎行》一词，才猛然警醒，视为知己，两人从此才日渐相熟，并结连理。在明清易代之际，柳如是曾力劝钱谦益投池殉难，最终无果。

"秦淮八艳"的故事也让李渔对风尘女子心生怜惜和敬意。李渔因之在戏曲《凰求凤》中将妓女的形象刻画得极为丰满。

康熙四年（1665），《凰求凤》传奇问世。这部红遍大江南北的戏曲《凰求凤》改编自《无声戏》中的《寡妇设计赘新郎众美齐心夺才子》。小说中的女主人公是妓女，讲的是一件奇事，古来都是男子四处求女子，而李渔却讲了一出众女子为一名男子煞费苦心的故事。小说讲的是弘治年间有位才子名叫吕哉生，他气宇轩昂，相貌出众，喜评品名妓，凡是得其赞赏者，则身价百倍。众妓女中吕哉生唯独赏识沈留云、朱艳雪、许仙俦三人。三女代吕哉生聘定乔小姐为妻，而吕哉生则对寡妇曹婉淑情有独钟。三个妓女不肯罢休，设计撮合乔小姐与吕哉生。后来经过殷四娘从中调停，使吕哉生娶乔小姐为正房，以曹婉淑为偏房，又让三个妓女一同嫁给吕哉生做妾，五人择日与吕哉生完婚。而在戏曲《凰求凤》中，李渔让吕哉生更加有情有义，他自己物色的女子是未聘之女曹婉淑，而不是一个寡妇，而且吕哉生用情甚专，并非四处寻花问柳之辈，他在名妓之中，也只是喜欢许仙俦一人，因为他用情专一，神仙也助他成为状元。从小说《寡妇设计赘新郎众美齐心夺才子》到戏曲《凰求凤》，可以看出李渔对女性意识苏醒的关注和认同。

高朋满座

在南京居住期间，李渔的文化活动更为丰富，可以说是到了鼎盛时期。他不仅经营书铺、创建戏班、编辑著述、营造园林，而且游历四方、广交名士。一时胜流贵人，都相攀往。此时他也结交了不少朋友。这些朋友之中既有位高权重的尚书、织造，也不乏社会名流和文坛名士，还有三教九流的各色人等，他甚至与手工艺人也有交往。时宦如王士禛、周亮工；巨公如昆山三徐、季沧苇；名士如杜濬、余澹心（二人流寓金陵）、尤侗、倪阍公（灿）、纪伯紫（映钟）、徐釚等。与尤侗、余怀、周亮工等时有聚会，饮酒赋诗，尤其是康熙五年（1666）李渔游秦得乔、王二姬并组织家庭戏班之后，他们更是经常在一起观摩演出，切磋艺理，交流经验。李渔还与"江左三大家"关系特别密切。

"江左三大家"指的是钱谦益、吴伟业、龚鼎孳。钱谦益、吴伟业、龚鼎孳三人皆由明臣仕清，籍贯都属旧江左地区，诗名并著，故时人称"江左三大家"。李渔与龚鼎孳交情尤深。

李渔与龚鼎孳相识是在康熙五年入京时，后来两人多有诗文往来。龚鼎孳曾写"芥子园"碑文额，署曰"乙酉初夏为笠翁道兄书"。李渔《闲情偶寄》初成，请龚鼎孳作序。龚鼎孳去世后，李渔作《大宗伯龚芝麓先生挽歌》，其辞甚哀。龚鼎孳（1615—1673），字孝升，号芝麓。江南合肥（今属安徽）人。明崇祯七年（1634）进士，授兵部给事中。李自成起义军入京，授直指使之职。入清，官至礼部尚书。龚鼎孳甚爱才，士人困顿之际，向其求援，他多倾囊相助。李渔晚年穷困潦倒之时，向友人求助，也是依仗了他的多方资助。龚鼎孳工诗文，著有《定山堂集》《三十二芙蓉词》《龚端毅奏议》《安龙逸史》等。

顺治十八年，钱谦益时年八十岁，游杭州西湖时，与李渔在适轩相见。钱谦益为李渔作《李笠翁传奇序》，序称李渔作品："横见侧出，征材于《水浒》，按节于雍熙；《金瓶》无所斗其淫哇，而《玉茗》不能穷其缪巧。"后又为李渔诗文作评。称赞李渔文章"大有远见，不独以文辞见好"，"可以贬愚，可以善俗"，誉其诗"清超迈俗，秀雅天然"。钱谦益（1582—1664），字受之，号牧斋，又号蒙叟、绛云老人、敬他老人，晚号东涧遗老。江南常熟（今属江苏）人。明万历三十八年（1610）进士，官至礼部右侍郎、翰林院侍读学士。南明弘光朝任礼部尚书。清顺治二年（1645）降清，授礼部右侍郎，不久乞归。他学问渊博，著述宏富，为明清之际文坛之宗主。有《初学集》《有学集》《投笔集》《钱谦益先生集外文》等，另编有《列朝诗集》。钱谦益的文章被李渔收入他编辑的"尺牍"系列丛书。

李渔有"李十郎"之称与吴伟业有很大关系。吴伟业在《赠武林李笠翁》诗中有云："家近西陵住薛萝，十郎才调岁蹉跎。"后人遂呼李渔为"李十郎"。吴伟业曾为李渔作《尺牍初征序》。吴伟业（1609—1672），字骏公，号梅村。

江南太仓（今属江苏）人。明崇祯四年（1631）进士，历任翰林院编修、南京国子监司业、左庶子等职。南明弘光朝任少詹事。清顺治十年（1653）被迫应召仕清，任秘书院侍讲，迁国子监祭酒。后因母丧乞归。诗、词、曲皆工，兼善绘画。著有《梅村集》《梅村家藏稿》，杂剧《临春阁》《通天台》《秣陵春》等。顺治十七年，李渔特地赴太仓，拜谒已乞归家居的吴伟业，吴伟业甚爱李渔之才学，盛情款待。在太仓期间，李渔作有七律《梅村吴骏公别业》、词《莺啼序·吴梅村太史园内看花》《满庭芳·十余词吴梅村太史席上作》。后有《与吴梅村太史》书上说："揽胜名园，身去魂留者累日。……过扰芳鲜，迄今犹齿颊。"以记之。

居金陵期间，李渔交到一位挚友，名叫杜濬。杜濬对李渔十分推崇，曾为李渔的短篇小说集《无声戏》（《连城璧》）、《十二楼》、传奇《凰求凤》作序，又为《闲情偶寄》、诗文及传奇《玉搔头》《巧团圆》作评。还常到李渔家中赏戏听曲。李渔也将杜濬的八封书信收入《尺牍二征》，这可从李渔在《与杜于皇》中所言看出："来牍九首，拙选已登其八。惟复何元方一札，过于抹倒时人，未免犯忌，故逸之。弟不录他人所作，或有厌倦之心，独于于皇不然，盖为藏巧，非藏拙也。新刻《巧团圆》一册附政。为人藏巧而巧不自藏，于皇得此，又将发难端矣。先为道破，或能免此。"

杜濬（1611—1687），原名诏先，字于黄、于篁、茶村，号睡乡祭酒、钟离濬水。湖广黄岗（今属湖北）人。曾寓居金陵四十年。明副贡生，担任过推官。入清后未再入仕。擅诗文，著有《变雅堂遗集》《变雅堂文集》《变雅堂诗钞》《茶村诗》《扫花词》等。

周亮工（1612—1672），字栎园、元亮、减斋、缄斋，号督公、长眉公、笠僧人、栎下先生。金溪（今属江西）人，生于江宁（今江苏南京市）。他与李渔多有来往，李渔的芥子园建成时，周亮工曾赠送手卷额"天半朱霞"，还经常去芥子园观看李渔家班的演出，并为李渔的诗文集、《闲情偶寄》作评，为《资治新书》二集作序。周亮工系明崇祯十三年（1640）进士，官御史。入清，历任两淮盐运使、福建按察使、左副都御史、户部右侍郎，曾两次被弹劾，后来闲居江宁。著有《赖古堂集》等。

李渔移家金陵时多赖赵声伯帮助。赵声伯，生卒年不详。名时揖，字声伯。浙江绍兴人，一说浙江钱塘人。流寓江宁。任教官。李渔在《柬赵声伯文学》书中，请其在江宁代觅安家之所；又在《与赵声伯文学》书中，感谢其为家人治病，后赵声伯赴浙江定海任职，李渔作七律《送赵声伯之官定海》相赠。赵声伯曾为李渔的诗文作评。赵声伯有《与李笠翁索酒》书。

余怀是李渔作品的主要评家，也是李渔的好友。余怀（1616—1695），字澹心、无怀、广霞、曼翁、鬘持老人，福建莆田人。清军占据南京后，余怀破产丧家。自康熙八年（1669）起，他隐居江宁，以卖文为生。他一生没做过官，也未应过试，以文章气节极有声于时。李渔还曾请余怀的夫人为其校阅《闲情偶寄》女妆部分，二人关系之密切由此可见。李渔在晚年致余怀的一封信里，回忆了过去好友相聚的情景，并且把自己的作为同对方比较，倾诉了自己的疲惫和失去亲人的痛苦感伤："驾装巷之扰鸡黍，百花巷之饱脱粟，事在目前，情同隔世。以岁月不多，而世事人情之变，不能更仆数也。……然以高卧一室之幽闲，较之托钵四方之劳瘁，则相去何音仙凡。……弟自乔、王二姬先后化为异物，顾影凄凉，老泪盈把，生趣日削一日。近又四方多故，盛盛靡弛；啼饥之口半百，仰屋之磋一人，不知作何究竟？"书中言辞之真挚，感触之深切令人不免扼腕叹息。余怀为李渔的《论古》《闲情偶寄》作序写评，并为李渔诗文集写眉评。李渔有《与余澹心五札》等。余怀的文章曾被李渔收入《尺牍》和《四六初征》中。

尤侗是李渔相交甚密的友人，两人经常相互唱和，并互校书稿，李渔曾为尤侗校订《钧天乐》传奇，尤侗也为李渔的《闲情偶寄》《论古》《名词选胜》作序，为其诗文集作评。在两人的交往中，李渔与其惺惺相惜，以诚相待。如他在给尤侗的信中写道："弟则巴人下里，是其本色。非止调不能高，即使能高，亦忧寡和，所谓'多买胭脂绘牡丹'也。"尤侗（1618—1704），字同人，更字展成，号恢庵，又号西堂。江南长洲（今江苏苏州市）人。清顺治拔贡，授永平推官。康熙十八年（1679）举博学鸿词科，授翰林院检讨，参与修《明史》，后告归。著有《西堂全集》，戏曲有传奇《钧天乐》，杂剧《读离骚》《吊琵琶》《桃花源》《黑白卫》《清平调》等。李渔在《复尤展成先后五札》中云："惠教《钧天》妙剧，读之气索小巫，真词林杰出之作。……君才十倍曹丕，奈何问道于盲。然既委校雠，不敢以'不敏'二字塞责，即当句栉字比，瑜中索瑕，以报台命。但愿先生之校拙稿，亦犹弟之不避斧锧，庶为相与有成耳。望之，嘱之。"康熙十年李渔游苏州时，在端午节前邀尤侗及余澹心、宋澹仙等在他的寓所百花巷聚会，并让其家班演出《明珠记·煎茶》这场戏。事后，大家赋诗酬和。李渔也作诗记此盛会，序云："端阳前五日，尤展成、余澹心、宋澹仙诸子集姑苏寓中，观小鬟演剧，澹心首倡八绝，以韵和之。"端午节后，他们再次集会观戏，余澹心还带来三个善歌的幼童助兴。事后，又写下不少酬和之作。

李渔与"燕台七子"之一、时称"南施"的施闰章有过一段交往。李渔在游闽路过临江时，曾作《卖船行和施愚山宪使》一诗与之唱和。施闰章也曾为李渔的《论古》作评。施闰章（1618—1683），字尚白，号愚山，又号蠖斋，晚年号矩斋。江南宣城（今属安徽）人。清顺治六年（1649）进士，官江西布政司参议。康熙十八年举博学鸿词科，授翰林院侍讲，迁侍读学士。施闰章工诗文，其文质朴，且喜奖掖后学，著有《学余堂集》《愚山诗文集》《矩斋杂记》《蠖斋诗话》《宣城施氏家风述略》等。曾编《登州府志》《临江府志》。

康熙十二年（1673），李渔再游京师时与柯岸初相交，并受其款待。时李渔有《复柯岸初掌科》二书，感谢其再三挽留，又作《菜根篇谢柯岸初给谏》诗，谢其惠菜并赐长笺。另有《赠柯岸初给谏二联》。柯岸初也为李渔诗集作评。柯岸初，生卒年不详。名耸，字岸初，号素培。浙江嘉善人。清顺治六年进士，授枣阳知县，官至通政司左参议。著有《存古堂文稿》《霁园诗》《帘静轩集》等。

李渔在游扬州时认识了王士禛，并与他开始交往。李渔作有《复王阮亭司李》书、《天仙子·寿王阮亭使君》词。王士禛（1634—1711），字子真，一字贻上，号阮亭，又号渔洋山人。山东新城（今山东淄博市桓台县）人。清顺治十五年（1658）进士，授扬州推官，累官礼部主事、刑部尚书。长于诗词，多门生，与朱彝尊齐名，人称"朱王"。创"神韵说"，为一代宗匠。著有《带经堂全集》《渔洋三十六种》《精华录》《阮亭诗钞》《衍波词》《居易录》《池北偶谈》《渔洋书籍跋尾》等。

李渔与纪伯紫在龚鼎孳府中相识，并多受其关照。李渔的《闲情偶寄》一书曾送纪伯紫过目。李渔有《与纪伯紫》书和《寄纪伯紫》诗。纪伯紫曾为李渔的诗文集和《论古》作评。李渔在《与纪伯紫》中曰："前恳《一家言》序，芝翁欲得全本一观，然后属草。以弟种种著作，皆经寓目，惟诗文未经多睹耳。兹因他作前后付梓，惟近体诗及绝句尚未灾木，先录二册寄上。乞宾主二人细细校阅，可删者删之，不则赐以佳评，藉光不朽。文亦录数纸呈上。"纪伯紫（1609—约1681），名映钟，字伯紫，又字蘗子、伯子，号憨叟，自称钟山遗老。江南上元（今江苏南京市）人。明诸生，复社领袖。入清不仕，曾在龚鼎孳府做了十年的幕客。晚年归隐。擅于诗文，著有《真冷堂集》《补石仓集》《蘗堂诗钞》等。

评《西厢》

随着戏班的产生，李渔一家连同奴仆少说也有几十口人，为了维持一家人的衣食需求，他不得不与官吏打交道，常常外出"打抽丰"，以寻求保护与馈赠。

"打抽丰"是明清时代风行的一种社会现象，就是一些未曾做官的文人，凭文艺上的某些特长，出入士大夫之门，以求得到馈赠；士大夫也借这班人来获取美名。"我以这才换那财，两厢情愿无不该"，于是李渔常与达官贵人打交道、交朋友，为他们赋诗撰联，谈文说艺，度曲演戏，设计园亭，把他们的书信、文案等选编出版等。出众的才华，加上善于交游，他不但能"混迹公卿大夫间，日食五侯之鲭，夜宴公卿之府"，还经常获得丰厚的馈赠，为他的文化活动提供支持与帮助。

除了与达官名士交游，每到一地，李渔都要游山览水。他曾言"生平癖疾，注在烟霞竹石间"，他把大自然称为"古今第一才人"。在古代交通条件十分落后的情况下，李渔携带家班远途跋涉，走遍了燕、秦、闽、楚、豫、广、陕等省区，"三分天下几遍其二"，"名山大川十经六七"，"四海历其三，三江五河则俱未尝遗一"，很多奇山秀水都留下了他的足迹。

康熙五年（1666），李渔游京师，与时任保和殿大学士兼礼部尚书的魏裔介（贞庵）相识。魏贞庵（1616—1686），名裔介，字石生，号贞庵、贞白、昆林。清直隶柏乡（今属河北）人。顺治三年（1646）进士，累官左都御史、吏部尚书、秘书院大学士、保和殿大学士兼礼部尚书、太子太保。康熙十年（1671）致仕家居，谥文毅。治理学，亦工诗文。著有《兼济堂文集》《兼济堂奏议》《鉴语经世编》《樗林三笔》《雅说集》《续补高士传》《屿舫诗集》《四书大全纂要》等。李渔初到京城时曾上府拜谒魏贞庵，受到款待。两人一见如故，魏贞庵很赏识李渔创作传奇的才能，取出珍藏的《崔、郑合葬墓志铭》与李渔同看，并提出让李渔为《北西厢》翻本，李渔虽然自视甚高，却因对《北西厢》推崇备至，未尊其命。后来李渔在《闲情偶寄·词曲部》中进一步解释了自己不做《北西厢》翻本的深层次的原因：向有一人欲改《北西厢》，又有一人欲续《水浒传》，同商于予。予曰："《西厢》非不可改，《水浒》非不可续，然无奈二书已传，万口交赞，其高踞词坛之座位，业如泰山之稳，磐石之固，欲遽叱之使起而让席于予，此万不可得之数也。无论所改之《西厢》，所续之《水浒》，未必可继后尘，即使高出前人数倍，吾知举世之人不约而同，皆以'续貂、蛇足'四字为新作之定评矣。"此外，李渔还曾在《与魏贞庵相国》书中向魏贞庵推荐他所赏识的刻工刘某。

是年，李渔作《帝台春·本题》词。

游 秦 陇

康熙五年（1666），旅居京师的李渔应陕西巡抚贾汉复、甘肃巡抚刘耀薇以及甘肃提督张勇之邀，开始远游燕秦。李渔游燕秦的往返路线为：京师—正定—山西平定州—平阳—蒲州—陕西潼关—长安—甘肃兰州—凉州—甘泉—陕西泾阳—华山—潼关—河南陕州—汝宁（*汝南*）—江南徐州—江宁。

李渔一生游历了很多地方，拿他的话来说是"三分天下几遍其二"，海内名山大川十经六七。游历了那么多地方，李渔对"游秦陇"一事却多次提及，他言"唯有游秦收获颇丰"。在李渔眼中，秦地是不可能与富庶的江南相提并论的，而实际上李渔却不虚此行。"收获颇丰"这个"颇丰"到底是个什么情境呢？李渔在此次"游秦陇"过程当中，不仅受到了盛情款待，也得到了很多的馈赠。

秦地，特别是长安让李渔产生了浓厚的兴趣。长安曾经是十三朝古都，特别是在中国古代历史上的两个鼎盛时期汉代和唐代，长安作为都城，在当时不仅是全国的政治经济中心，也是全国的文化中心。汉、唐时期，在经济繁荣、国力强盛的基础上形成了灿烂的文化，长安在学术艺术、宫室建筑、歌舞竞技、祭祀礼制、宗教活动、服饰饮食等各个领域所展现的文化风貌及所创造的文化成就，不仅达到了空前的高度，并且产生了深远的影响。徜徉在长安的大街小巷，李渔发出了由衷的感叹："壮哉，长安！"

李渔对西北文化逐渐有了深厚的感情，他在长安一待就是数月，并且帮助时任陕西巡抚的贾汉复设计了住宅半亩园。在《赠贾胶侯大中丞》中李渔写道："公以绝大园亭弃而不有，公诸乡人，凡山右名贤之客都门者，皆得而居焉。义举也，仅事也，书以美之。""未闻安石弃东山，公能不有斯园，贤于古人远矣！漫说少陵开广厦，彼仅徒怀此愿，较之今日何如？"

贾汉复接待李渔极为周到，这让李渔甚是感动。李渔在《寄谢贾胶侯大中丞》中表达了自己对贾汉复的感激之情："晚渔一介庸儒，寡才鲜识，自分老死牖下，不望见知于当代名公卿矣。讵意明公谬耳虚声，不缘介绍，特受弓旌于数千里之外，使得应聘入秦，馆诸别宫，谬称上客。又复遍谕属僚，交相拂拭，饥则齐推，寒则并解，食五侯之鲭而衣千狐之腋者，凡四阅月。渔何人，而获蒙此异数哉？亦大幸矣！拜别逾时，未陈谢悃，总以朝东西夕，身无定在。兹幸税嫁甘泉，始克寻鸿觅鲤，一致感私。近遇西来之口，备言近履亨嘉，与时并懋；新公相得甚欢，督抚同心。此地方之福，三秦黎庶，可比户而封侯矣。""渔止皋兰弥月，随走甘山。地主情殷，不忍遽而言别，非夏杪秋初，不能旋辔。归时直走泾阳，不复迁道奉谢，以混起居，只遣奴子叩首而已。先此告罪。不尽。"

除了贾汉复，甘肃巡抚刘耀薇对李渔的接待也热情周到。刘耀薇，顺治十八年（1661）授甘肃巡抚，康熙九年（1670）迁福建总督。李渔在其府中做客一个月。后李渔游历闽地时，又受其款待。李渔有《寄谢刘耀薇大中丞》书。

在《寄谢刘耀薇大中丞》中，李渔表达了对刘耀薇的感谢之情："拜别西驰，沿途揽胜，觉十五国员幅之大，未有过于三秦，而三秦畛域之宽，又未有过于明公所辖之境者。仁风布燠，塞草回青，弦诵扬徽，胡笳止奏。不意边境之宁贴，遂至此也。而今而后，始知明公恩威之所暨矣。""渔自抵甘泉，为大将军揖客，肆扪虱之迂谈，耸嗜痂之偏听。主人不以为狂，客亦自忘其谬。投辖情殷，未忍遽而言别。鞭梢东指，再诣化疆，知在金风告劲以前，赤帝敛威之候。兹托邮筒之便，一候起居。"

在兰州逗留之后，李渔继续西行，五月份来到了西北重镇凉州，写下了著名的七绝《凉州》："似此才称汗漫游，今人忽到古凉州。笛中几句关山曲，四季吹来总是秋。"其间，李渔又游西岳华山，作《登华岳四首》；出潼关，作

《潼关阻雨》诗。

《登华岳四首》《其一》云："不必曾游过，名山故友同。终朝书卷上，彻夜梦魂中。思熟苍龙径，题残玉女松。兴由髫龀始，相对已成翁。"

《其二》云：华岳多奇峦，以莲花、明星、玉女三峰为最。"五丁非爱力，妙在不须平。地是云铺就，山由天削成。三峰奇入格，四岳幸齐名。自有昌黎哭，巉岩愈著声。"

《其三》小序中说："顶有落雁峰，家太白谓'恨不携谢朓惊人句来，一问青天'，即其所也，希夷峡，为陈抟蜕骨处。"诗云："谁设扶人索，功高实可讴。升腾犹鸟捷，轻便若云浮。太白携诗未，希夷入梦不？问天须及早，去此便无由。"

《其四》云："时家姬四人随游，颇娴竹肉，予令至青柯砰而止。诸姬目痒不肯息，视予所在，尾而从之。予上二索，彼上一索，相去只一间，虽怒诃不止。予嗔其顽劣，亦复许其清狂，遂听偕行。袜敝鞋穿，无可更替，乃裂裙幅补缀复行。至溪塈稍平处，铺毡坐饮，使之度曲。昔韩昌黎痛哭不得下，投书与家人永诀处，即予挟诸婢子高歌处也。及今三秦好事者，犹传为话柄云。"诗云："怪杀登山勇，谁堪奈尔何。前贤犹痛哭，我辈却高歌。鸟过停飞翼，樵听罢斧柯。主人游兴癖，从者尽成魔。"

李渔的这四首游华山诗，表达了不以为苦反以为乐的独特感受，引起了很多人的好评和共鸣。如，王山史评道："四首隽逸可人，为华岳诸诗之冠。"又评："四诗惟登过华山者能知其妙，又惟登过华山而作过登华山诗者能知其好，不则以词采见称而已。"吴修蟾评："千古游记中未有之奇，为华岳另辟一洞天矣。"郭九芝评："此有华岳以来第一韵事。有昌黎之痛哭，不可无笠翁之高歌，二事并传，为后来作诗者增一佳偶。"顾赤方评："好婢子，赤松之玉女郎？秦宫之毛女耶？飞行之天女耶？"王左车评："健句风生。"

康熙六年，李渔游秦期间，还在咸宁结识了郭传芳。郭传芳见到李渔的著作后甚为推崇，为《慎鸾交》传奇作序，后又为李渔诗集作评。

喜 得 二 姬

对于李渔而言，他多年来一直有两个愿望，一个是早生儿子，第二个是创办家班。第一个愿望在李渔五十岁的时候让他遂了心愿，在得了大儿子李将舒后，儿子们接连降临人世，李渔是初而喜，既而忧，为急剧增加的人口而时常犯愁。作为一个才情甚高，到处为别人物色演员的李渔，组建一个自己的戏班是他的夙愿，但是年过半百却未能实现，直到康熙五年（1666）机缘不期而至。

在游秦陇期间，李渔最大的收获是遇到了乔、王二姬。李渔路经平阳（今山西临汾市）时，怎么也没有想到会遇到"贵人"——程质夫。这位贵人送给他一份"大礼"，这份大礼就是李渔戏班的当家花旦——乔姬。程质夫当时任平阳知府，他不仅盛情款待了李渔，并出金若干，为李渔购得一少女，即乔姬。

李渔在《乔复生王再来二姬合传》中记载了当时程质夫买姬相赠的情形："岁丙午，予自都门入秦，赴贾大中丞胶侯、刘大中丞耀薇、张大将军飞熊三君子之招，道经平阳，为观察范公字正者少留以舒喘息。时止携姬一人，姬患无侣，有二妁闻风而至，谓有乔姓女子，年甫十三，父母求售者素矣，盍往观之？予曰：'旅囊羞涩，焉得三斛圆珠？'辞之弗往。适太守程公质夫过予，见二妁在旁，讯曰：'纳如君乎？'予曰：'否。'具以实告。太守曰：'无难，当为致之。'旋出金如干授二妁。少迟，则其人至矣，虽非殊色，亦觉稍异凡姿，盖纯任本质而未事丹铅者。"

乔姬虽然当时年仅十三岁，姿色并非甚为出众，但聪慧过人，具有非常高的艺术天分，经教唱演习，成为李渔家班有名的旦角。乔姬学唱，记忆惊人，领悟极快，师授三遍，便能自歌。老师说他授曲三十年来从未见过如此聪敏之人。

仅一月余，乔姬便学会了老师的技能，且青出于蓝而胜于蓝了。每有客来访，乔姬隔屏清唱，客人听得食肉忘味。

几个月后，李渔途经甘肃兰州，得贵人赠王姬，王姬比乔姬小一岁。王姬的长相在女伴中虽不出众，一旦易妆换服，却与美少年无异，令李渔大为惊叹。李渔便让乔姬教她学戏，扮演生角。

李渔先后在临汾、兰州得到颇具艺术天赋的乔、王二姬，就是后来李渔称为乔复生、王再来的两位红颜知己，她们之后成为李渔家班的顶梁柱。独具艺韵的二姬的到来，再配以其他诸姬，李渔组织起了自己的家庭戏班，他自任家班的教习和导演，上演自己创作和改编的剧本。他以芥子园为根据地，带领家班四处游历、演剧，"全国九州，历其六七"，不辞辛劳，赴全国各地巡回演出。乔、王二姬不但舞态歌容超群脱俗，而且聪慧过人。她们只需李渔略加指点，便能心领神会，触类旁通，创造性地表演剧本内容，常常是"朝脱稿，暮登场"，效率很高。

由于有乔、王二姬这样的出色演员以及李渔这样的好编剧、好导演，李氏家班红遍了大江南北，影响波及大半个中国。李渔每到一处，都以戏会友，备受戏曲名流们的欢迎。

金陵的芥子园、苏州的百花巷寓所，都曾是当时戏曲名流交流艺术的场所。李渔曾在芥子园戏台上题有楹联曰：

"休萦俗事催霜鬓；且制新歌付雪儿"雪儿便是乔姬的爱称。每逢年节生辰喜日，赏花玩月之时，或宾朋兴会之际，李渔家班必在园中演剧为乐，有时还请邻人前来观看。

营造芥子园

　　李渔选择芥子园，是取"芥子虽小，能纳须弥"的寓意。"芥子园之地，不及三亩"，"地止一丘，故名芥子，状其微也，往来诸公，见其稍具丘壑，谓取芥子能纳须弥之意"。芥子，据《别录》记载，是一种药材。种子类圆球形，直径1—1.6毫米，种皮深黄色至棕黄色，少数呈红棕色。用放大镜观察，种子表面现微细网状纹理，种脐明显，呈点状。浸水中膨胀，除去种皮，可见子叶两片，沿主脉处相重对折，胚根位于两对折子叶之间。干燥品无臭，味初似油样，后辛辣。粉碎湿润后，发出特殊辛烈臭气。以籽粒饱满、大小均匀、黄色或红棕色者为佳。全国各地皆产，以河南、安徽产量最大。"须弥"是佛教传说中的神山，既高且大，宝光四射。而芥子园虽小如芥子，却能容纳须弥，境界之美，内涵之深，不言自喻。较之于此前李渔见到的园林和朋友们的豪宅来说，芥子园是微小的，如同芥子，所以取名芥子园。

康熙八年（1669）初夏，经过长达八年的努力，李渔终于建成芥子园。芥子园虽然不大，但经李渔精心筹划，巧妙布置，倒也别有情趣，有栖云谷、月榭、歌台、浮白轩等景致，并都题有楹联。如书室联："雨观瀑布晴观月；朝听鸣琴夜听歌"。月榭联："有月即登台，无论春秋冬夏；是风皆入座，不分南北东西"等。李渔又有《戏题金陵闸旧居》言："门外二柳，门内二桃，桃熟时人多窃取，故书此以谴文人。"联曰："二柳当门，家计逊陶朱之半；双桃钥户，人谋虑方朔之三"此联尤见李渔的性情，联中所指的两位前人，风格迥异，而李渔却能兼收并蓄，见其匠心。陶潜即陶渊明（约365—427），字元亮，因宅边有五棵柳树而自号"五柳先生"，潜是晚年更的名。一说名潜，字渊明。东晋浔阳柴桑（今江西九江市）人。东晋末期南宋朝初期诗人、辞赋家、散文家。卒后亲友私谥靖节，世称靖节先生。曾做过几年小官，后辞官归隐，过上田园生活。田园生活是陶渊明诗的主要题材，因此后来文学史上称其为田园诗人。相关作品有《饮酒》《桃花源记》《五柳先生传》等。李渔解释：门外二柳，门内二桃，桃熟时人多窃取，故书此以谴文人。上联说我今只有二柳，尚不及陶潜之半。下联"方朔"，指西汉文学家东方朔，他性格诙谐滑稽。《汉武故事》载："短人指朔谓上曰：'西王母种桃三千岁为子，此儿已三过偷之矣。'"作者以玩笑语称那些过往密切、顺手摘桃者为"东方朔",寓庄于谐,别有情趣。

李渔友人何采题赠一块"一房山"的册页匾,上书"'看待诗人无别物,半潭秋水一房山。'唐句也,芥子园中恰是此景,因书以赠笠翁道兄"。李渔自云:"芥子园之地不及三亩,而屋居其一,石居其一,乃榴之大者复有四五株。"他曾自题一联于大门:"因有卓锥地;遂营兜率天"兜率宫,佛经称为佛祖所居之地,道家则说是太上老君之居所。兜率,梵语,一作兜率陀,意译为知足、喜足,谓受乐知足而生喜足之心。由此可知李渔身居小园,知足常乐的心态。

合 锦 回 文

除了拟话本小说《十二楼》《连城璧》以外,李渔还写了一部长篇小说《合锦回文传》。《回文传》的刊刻情况如下:广顺堂刻《回文传》十六卷(北京大学图书馆馆藏目录);大文堂两次刊刻《回文传》,一为道光三年(1823)刻《合锦回文传》十六卷,另一为道光六年《绣像合锦回文传》十六卷(国家图书馆馆藏书目);宝研斋(或作宝砚斋)先后两次刻《回文传》,嘉庆三年(1796)刻《回文传》

十六卷（北京师范大学图书馆馆藏目录），道光六年刻《合锦回文传》十六卷（国家图书馆馆藏目录）；文宝堂刻《合锦回文传》。

《合锦回文传》现存最早的是嘉庆三年宝研斋刊本，全名为《绣像合锦回文传》，藏于北京师范大学图书馆。该书共八册十六卷，内封中栏大字题"绣像合锦回文传"，右栏上题"笠翁先生原本，铁华山人重辑"，下题"本斋假资重刊，同志幸勿翻刻"，左栏署"宝研斋藏版"，栏上横书"嘉庆三年新镌"。

说起合锦回文还有一段佳话。据说合锦回文又叫璇玑图，是前秦女子苏若兰在一块八寸见方的五色锦缎上用文字织成的回文诗。苏若兰是秦州刺史窦滔的妻子。她知识广博，仪容秀丽，谦默自守，很受丈夫窦滔敬重。但窦滔有个宠姬叫赵阳台，她能歌善舞，深得窦滔欢心，苏若兰便有些嫉妒赵阳台。一次，窦滔到襄阳做官，苏若兰不肯与之同往，窦滔便带着赵阳台去赴任，渐渐和苏若兰断了音信。天长日久，苏若兰心生悔意，因为思念丈夫，经常夜不能寐，她或坐或卧，仰观天象，悟璇玑之理（星象分布原理），借经纬之法（横竖斜皆能成文），运用只有她丈夫能读懂的语言，织就一幅回文诗，锦幅横直各八寸，二十九行，每行二十九字，共八百四十一字，便是有名的《璇玑图》。该图充分体现了回文诗形式变化无穷，回环往复都能诵读的特点。《璇玑图》无论反读、横读、斜读、交互读、退一字读、迭一字读，均可成诗。可以读得三言、四言、五言、六言、七言诗一千多首，才情之妙，贯古超今。苏若兰的悲欢忧乐，忠愤感激，好贤厌恶，跃然锦上。窦滔看到这幅图以后，叹为"绝妙"，深深地为妻子的才思和机敏以及对自己的深情所感动，送走了能歌善舞的宠妾赵阳台，隆重地将苏若兰迎到身边。从此以后，夫妻恩爱。

《璇玑图》轰动了那个时代，大家争相传抄，试以句读，解析诗体，然而能懂的人寥若晨星。后来武则天作《璇玑图序》，说它"纵横反复，皆成章句，其文点画无缺，才情之妙，超今迈古"，给予《璇玑图》很高的评价。《璇玑图》的身价倍增。

李渔在《合锦回文传》中围绕这幅珍贵的织锦《璇玑图》演绎了一出情节离奇的喜剧。小说写的是唐僖宗乾符年间，才华出众的书生梁栋材因为持有并破译了半幅《璇玑图》而声名大著，他声言唯持有另半幅《璇玑图》者方可与他成亲。素有诗才的礼部侍郎之女桑梦兰家藏有神赐的另半幅《璇玑图》，梁栋材与桑梦兰交换《璇玑图》并私订终身。岂料因小人杨复恭、赖本初等从中拨乱，加之权臣陷害，《璇玑图》得而复失、失而复得。梁栋材和桑梦兰两人也历经悲欢离合，终因梁栋材立功封侯而天从人愿，锦合人亦圆，最终是皆大欢喜。《合锦回文传》结构精巧，文辞风趣。在该小说中展示了李渔对政治、国事的高度敏感，既有对兵乱、宦官专权等较为广阔的社会背景的描写，又有对正直、忠义的肯定，对兵匪、叛臣的诛伐。

第 5 章

编辑出版生涯

投 身 书 坊

顺治十七年（1660）前后，当时李渔年近五十岁，在戏曲、小说方面都开创出一片天地，有了一定的名声。在古代，一个已到"知天命"之年的人，可以说已经是一位老人了，而李渔的编辑出版活动正是自此起步。李渔开始编辑《尺牍初征》，并请大名士吴梅村为《尺牍初征》作序。

明末清初的社会思潮及仕途的不顺催生了一批文士编辑出版家，他们既从事文学创作又跻身编辑出版行业，李渔便是其中的一员。李渔一生编辑出版了数百万字的作品，在编辑出版史上留下了浓墨重彩的一笔。李渔力求创新、以读者为本、注重寓教于乐的编辑理念，使他以及他的书坊芥子园编辑出版的作品呈现出鲜明的特色，具有极高的文学、文化价值，在当时为他赢得了较高的声誉和经济收益，也为后世留下了宝贵的文化遗产，特别是《芥子园画传》(《芥子园画谱》)、《闲情偶寄》以及"四大奇书"等，让后学者受益无穷。

随着受教育群体的扩大，明清两代很多受过儒家文化教育的人在未能入仕时，常常都选择做文化产业，如"三言""二拍"的编著者冯梦龙和凌濛初等。冯梦龙、凌濛初、李渔三人都是通俗文学的创作者，他们都多才多艺，且都从事过编辑出版活动。

冯梦龙（1574—1646），南直隶苏州府吴县籍长洲（今江苏苏州市）人，出身名门世家，冯梦龙与兄长冯梦桂和弟弟冯梦熊皆有才干，兄弟三人被称为"吴下三冯"。冯梦龙一生编辑创作了三十种左右的著作，如广为人知的"三言"。冯梦龙是晚明时期著名的文学家，同时也是一位致力于通俗文学的搜集、编订、出版的编辑家。他曾鼓励书坊重价购刻《金瓶梅》，增补改编长篇小说《平妖传》《新列国志》。他创作过戏曲《双雄记》《万事足》，并改编过他人多种剧本，合而称为《墨憨斋定本传奇》。他编辑刊印民间歌谣集《童痴一弄》(《挂枝儿》)和《童痴二弄》(《山歌》)，编纂《太平广记钞》《古今谭概》《智囊》《情史》等等。其中，流传最广、对后世影响最大的，当数"三言"。

凌濛初（1580—1644），乌程（今浙江湖州市）人，著作宏富，擅长杂剧，著有《虬髯翁》及《颠倒因缘》各一部，此外有《圣门传诗嫡冢》《言诗翼》《诗逆》《诗经人物考》《左传合鲭》等，然而他贡献最大的是编刻通俗小说。他曾继冯梦龙的"三言"，编刻《拍案惊奇》二集，共载通俗小说八十篇，均自编。在编辑出版业中他也做了大量工作，刻书较丰。据杜信孚统计，凌濛初用套印技术刻印的书籍存世的约有二十四种，除了《世说新语》八卷是朱、墨、蓝三色套印本外，其余均为朱、墨二色套印本，如《琵琶记》四卷、《虞初志》七卷、《苏老泉集》十二卷等。

虽然李渔的编辑出版活动开始得比较晚，但是从此以后直到弥留之际他都一直为此奔忙。康熙十八年（1679），六十九岁高龄的他还拖着患病之躯为《千古奇闻》和《芥子园画传》作序。

其实李渔从事编辑出版活动，除了冯、凌等人的榜样力量以外，还有着更为深刻的社会原因和个人因素。在明代，"书皆可私刻"，没有了元代逐级审批的烦琐手续，只要有钱，就可任意刻，而且刻工工资极低廉，纸墨又易得，故人们纷纷办书坊做出版。清代昭文张海鹏曾经说过："藏书不如读书，读书不如刻书，读书以为己，刻书以利人，上以寿作者之精神，下以惠后来之沾修溉学，其道不更广耶。"做编辑出版事业也是嘉惠后学、流芳百世的好事，很合文人们的心理。加之，随着受教育群体的扩大和人们生活水平的提高，读者越来越多，而资本主义萌芽的冲击，也让当时全国各地的书坊数量激增。李渔经常活动的杭州和南京就是著名的书籍出版地。从明人彩绘的《南都繁会图》卷，可看出南京市面繁荣的情况，有"刻字""镌碑"等招牌。胡应麟云"凡金陵书肆多在三山街及太学前"，所以有的书坊就写上"三山街书林"或"三山书坊"字样。明代南京书坊之盛与建宁不相上下，当时南京、建宁书坊各有九十家左右。如此的社会环境，促使李渔萌生了通过编辑书籍和创办书坊来谋生的想法。

李渔之所以走上编辑出版之路，也是他入仕不成转而相就"末技"的谋生之举，是文士们不得已而为之之事。龚鹏程在《中国小说史论》中讲道：文人以能文，居四民之首，其才艺可令神鬼狐妓均生歆慕，固然是其荣耀之处，但若考试终究考不上，荣誉就会慢慢变成耻辱，然后再形成饥寒。这就是文人为什么把科考看得如此严重的缘故。一旦考上，得意了，便从此飞黄腾达；若落榜、失意那就惨了。家道倘若素封，尚可继续攻读，准备再考。若无资产，便须觅个工作糊口。而文人能做什么呢？境遇好些，可谋到个教童蒙的教席；境遇差的，就只好替人抄抄写写；再差些，竟可能沦为饿殍。黄仲则诗所谓："九月衣裳未剪裁，全家都在秋风里。"洵实录也。绝望了，有"业儒未成，去而为吏"或"士而商"者矣。

那么，李渔在科举失意之后能去做什么呢？李渔便同龚鹏程所言的那样，与很多失意文人一样，在入仕不成之后转而去经商。虽然李渔的祖上是药商，但他不愿意继承，也不愿厕身其他商贾之列，他能走的经商之途便是发挥他作为文人的优长去创作编辑刊刻文艺作品，待价而沽。

编辑出版成果

传承文化的职业化使一个人变成出版家，一本又一本地编书、出书。"发现的乐趣，合作的快意，以及获取共识的满足之感"，使李渔的行动更为自觉。李渔根据读者需求，出版了许多通俗小说，并附插图，还出版便于携带的袖珍本，且十分讲究质量，纸张精良，美观大方，销路甚好。他既出版自己的著作，也编辑出版他人的著作。在二十多年的编辑出版生涯中，他不仅编辑出版了不少精美的书籍，而且在出版史上独步一时，引领着出版的潮流，创纪录地运用了五色套版叠印这种当时最先进的印刷技术，在中国出版史上产生了深远的影响。

芥子园出书题材大致可分两大类：一是普及性的热销的"闲书"。这方面的书既有《三国志通俗演义》《金瓶梅》《忠义水浒传》《西游记》《今古奇观》等畅销名著，也有李渔创作的种种小说传奇如《无声戏》《十二楼》《风筝误》之类。李渔对市场行情看得很透："今人喜读闲书，购新剧者十人而九，名人诗集问者寥寥。"故此，芥子园所出书中闲书占了大头，包括李渔所著的那部著名的《闲情偶寄》和"尺牍"系列即《古今尺牍大全》《尺牍初征》《尺牍二征》《四六初征》《新四六初征》等，迎合了市民的情趣和阅读喜好，也深受应付科举考试者的欢迎，获利甚丰。芥子园出版的第二类书是精品书。这类书既要品位高雅，又要别出心裁，还要赢得读者。《芥子园画传》等的编辑出版即是典型。当时乃至此前很久，许多书坊主宁可一窝蜂地翻印旧典、编选时文，也不愿花力气冒风险搞新题材。李渔却独具慧眼，大力打造精品书籍和画笺。"名贤竞选诗文，不肖偏征案牍。"精品书的推出使芥子园的名声大噪海内，让李渔实现了社会效益和经济效益的双丰收。除了上述书外，李渔还编辑了《韶龄集》，以及三部韵书等。

据文献记载，李渔及他的书坊芥子园编辑出版的成果主要有：《龆龄集》《古今尺牍大全》《名词选胜》《四六初征》《笠翁对韵》《千古奇闻》等。还有《芥子园画传（谱）》，凡四卷，卷首有李渔康熙十八年的序，用五色套印，极为精良美观；《笠翁诗韵》五卷，前有李渔的自序，康熙十二年（1673）刊本；《笠翁词韵》四卷，例言署笠翁自述，无序；《芥子园图章会纂》，纂辑他人有关篆刻的著作，有芥子园本；《资治新书》初集十四卷，二集二十卷，选官吏案牍，初集收明人案牍，有康熙二年王仕云、王仕禄二序，二集收清人案牍，首有康熙六年周亮工序；《新四六初征》二十卷，即时人骈文，康熙十年原刊；《尺牍初征》选近人及时人尺牍，有吴梅村、杜于皇等人尺牍，分三十三类，十二卷；《笠翁一家言全集》，卷一至卷四为文集，卷五至卷七为诗集，卷八为歌词，卷九、卷十为论古，卷十一、卷十二系《闲情偶寄》，这几种作品本来是各自成书，雍正八年（1730）由芥子园书铺合为一集梓行，卷首有作者自序"一家言释义"。此外，还编辑出版了韵事笺八种、织锦笺十种。

芥子园编辑出版的小说有：明（清）刻《忠义水浒传》（《芥子园本李卓吾评忠义水浒传》）一百回、雍正三年刻《绣像第五才子书》（《金人瑞删定水浒传》）七十五卷七十回、雍正十二年刻《第五才子书》七十五卷、乾隆五十一年（1786）刻《西湖佳话古今遗迹》十六卷、嘉庆二年

（1797）刻《飞龙传》六十回、道光八年（1828）刻《镜花缘》一百回、道光十年刻《镜花缘》二十卷一百回、道光十一年刻《绿牡丹全传》八卷六十四回、道光十二年刻《镜花缘》二十卷一百回、道光二十一年刻《镜花缘》二十卷一百回、咸丰七年（1857）刻《三巧缘》四卷二十回、同治八年（1869）刻《新刻天宝图》十卷五十回；确实编辑出版过，但年代不明的有：《四大奇书第一种》、《李笠翁批阅三国志》二十四卷一百二十回、《东周列国志》二十三卷、《西游真诠》一百回、《今古奇观》四十卷、《混唐后传》八卷三十二回、《绣像第八才子书花笺记》六卷、活字印《双凤奇缘》等。

此外，李渔在杭州创作的白话小说《十二楼》《无声戏》以及《笠翁十种曲》二十卷，可能都曾经由芥子园刊刻过。孙楷第《中国通俗小说书目》中记录"所见乾隆丁卯刊大字本《金瓶梅》，有谢颐序，版心尚有'奇书第四种'，可能是覆芥子园本"。

由此可见，李渔编辑出版活动成果十分丰硕。

编辑出版特色

从目前已经稽考出的李渔编辑的书籍和芥子园出版的书

目，可以看出李渔和芥子园编辑出版作品有三大特色。

第一大特色是以传播俗文化为主，尽可能贴近读者。李渔和芥子园编辑出版的书大多有序言或者点评，如《金人瑞删定水浒传》《芥子园本李卓吾评忠义水浒传》《李笠翁批阅三国志》都是有评点的，《笠翁诗韵》前有李渔的自序，《尺牍初征》有吴梅村作的序。无论是评点，还是序言，陈述的背景、对编辑经过以及书的内容的介绍，都可以帮助读者理解原著。对于明清时期激增的女性读者群体，李渔也没有忽视，特专门为她们编辑了女子历史通俗读物《千古奇闻》。《千古奇闻》本是李渔在陈百峰所编的《女史》的基础上增删而成的一部通俗读物，其初衷是供自己的女儿们阅读的，尔后发现该书有普及的必要便当作女子读物出版发行。李渔在该书的序言中对此也作了说明："予课儿之暇，即以课女。偶得陈百峰所辑《女史》，删其烦冗，补其缺略，命小女辈日夕记诵，俾知古今名媛，为圣为贤，为慷慨节烈，从容中道者如此其多，以广其识。小女淑昭、淑慧不欲自秘，促予一言为序，梓以行世，以为香闺仪范，是亦闺阁中不私枕秘之遗意也。"

第二大特色是李渔及芥子园书坊编辑出版的书、笺别具匠心。一是出版"奇书"，编辑出版了《芥子园本李卓吾评忠义水浒传》《金人瑞删定水浒传》《李笠翁批阅三国志》

《西游真诠》。把《三国演义》《水浒传》《西游记》《金瓶梅》称为"四大奇书"，始于李渔，至今仍被沿用，学界有人认为李渔评点过《金瓶梅》，可见他作为一个编辑出版家是很有眼光的。二是编辑出版的书、笺注重实用。为了满足读者和市场的需求，编辑出版锦笺、画传、诗韵、词韵等实用性很强的书、笺，在当时深受读者的喜爱。李渔生前编定的最后一本书——《芥子园画传》初集问世后，畅行海内，乃至芥子园三易其主以后，仍然是"遐迩争购如故"，"且复宇内嗜者尽跂首望问有二篇与否?"由此可见当时的盛况。《闲情偶寄》是一部论及戏剧创作和表演、妆饰打扮、园林建筑、家具古玩、饮食烹饪、养花种树、医疗养生等许多方面的实用性书籍，堪称一部百科全书。该书于康熙十年刻印后，不胫而走，纸贵一时，引起许多书商翻刻牟利。明末清初士子为了应付科举考试，往往无暇去读四书五经，只读书商们坊刻的各种八股文范本。当时坊间流行的此类范本的刻本有四种：一种是程文和墨卷，程文是乡试时主考官所作的范文，墨卷是士子所作的较好的答卷；二是房稿，是会试时考中的进士之作；三是行卷，是举人所作；四是社稿，是学中诸生岁、科两考时所作。为了方便士子科举考试，李渔还编辑出版了《笠翁诗韵》《笠翁词韵》等相当于通俗工具书性质的书籍，及《四六初征》《新四六初征》《名词选胜》等以备他们参考。

第三大特色是编辑出版的书籍图文并茂，精巧别致。李渔及芥子园编辑出版的书，纸墨精良，美观大方，而且注重插图，做到图文并茂，因而备受欢迎，驰名天下。黄摩西《小说小话》云："曾见芥子园'四大奇书原刊本，纸墨精良，尚其余事。卷首每回作一图，人物如生，细入毫发，远出近时点石斋画报之上，而服饰器具尚见汉家制度云云。"其他如《芥子园本李卓吾评忠义水浒传》有图五十页，《李笠翁批阅三国志》有图一百二十页，《笠翁传奇十种》《闲情偶寄》有图若干幅，《芥子园画传》更是以图取胜，后一版再版。值得一提的还有《芥子园图章会纂》。"图章会纂"是当时学者将所能收集到的名章汇辑成册，供人借鉴与欣赏。李渔在《芥子园图章会纂》中不仅对收集到的篆刻精品一一阐释，而且用相当篇幅论述篆刻艺术的实践和篆刻审美的独特观点，是中国篆刻史上不可多得的经典性著作。李渔一生共计留下了数百万字的著作及编辑作品。一部《芥子园图章会纂》稿本，在当时便为两朝重臣姜晟珍藏，后又被权臣松蕃作为讨好主子的敬献之物，可见其在当时的珍罕程度。

编 辑 理 念

编辑工作是文化工作，编辑活动需要一定的编辑理念作指导。编辑理念是客观现实在编辑的主观意识中的反映，是编辑主体的思想认识通过客体——传播载体反映出来的一种思想理论体系。它受社会意识形态和读者群体的制约和影响。

李渔的编辑理念主要体现在力求创新、以读者为本、注重寓教于乐等几个方面。

第一，不断创新的理念。李渔是一个力求创新的人，要在清代众多的书坊中脱颖而出，就得要出新。除了上面提及的编辑出版奇书、在书中插加图画以外，李渔还在编辑技巧上颇下功夫。明代中后期，民间印刷业大兴，经史子集以及戏曲小说等印本大量出版，市场竞争十分激烈，一些印刷作坊为推出新的品种去占领市场，双色、多色套印本开始增多。万历四十四年（1616），浙江吴兴闵齐伋用套版印成朱、墨两色套印的《春秋左传》。第二年印成三色套印本《孟子》苏评本。此后，凌濛初用四色套印《世说新语》，分别用黑、红、蓝、棕四色印刷正文和各家评注。这些不同颜色的套印是为了科举应试的需要。带有断句圈点、批注和评语的书，使用不同的颜色，阅读时方便醒目，销路很好，各家书坊竞相效仿，套印本风行一时。为了吸引更多的读者，李渔创造性地运用了五色套版叠印这种当时最先进的印刷技术，如五色套印的《芥子园画传》绚丽悦目，嘉庆后一再翻刻，成为初学画者的教科书，比《十竹斋画谱》更流行，影响也最大。五色套印技术，将李渔和芥子园编辑出版的作品包装得美轮美奂，很是吸引当时人们的眼球，提升了产品的销售量。

第二，以读者为本的理念。在明末清初，作为一个没有固定经济来源的文人，要按照自己的编辑理念出版书籍是一件很不容易的事情，每一件出版物都凝结着编辑者的心血。为对读者负责，李渔对待编辑出版工作精益求精，有着很高的追求。他的女婿沈因伯在谈到李渔时曾说过："家岳足迹遍天下，凡遇此种佳文，惜字如金，多方搜录，迄今十易寒暑，厥告成书。"李渔把自己的书稿送给友人"乞为痛铲严削"，让朋友审读和提意见，对待名士来稿也要"向西子面上强索瘢痕"。他编的书极富特色，被誉为"一个有作为的书坊主与编辑家"。李渔的友人王仕云在《初集题词》中指出了李渔编撰《资治新书》的动机，"余友李子笠翁慨文日盛，政日衰，取近代名公卿宦牍汇成一书，为宦海津梁，名《资治新书》。"李渔在《古今史略》的序言中透露了他编书的目的，认为"凡今之人，有欲考古鉴今而苦厌倦者，请以此药之。矧行笥出入，签屐与俱，莫此为便"。足以说明李渔深刻理解读者的心理期待，时时处处为读者着想。

第三，寓教于乐的理念。李渔在编辑作品时非常注重寓教于乐，他曾在《〈古今笑史〉序》中言："是编之辑，出于冯子犹龙，其初名为《谭概》，后人谓其网罗之事，尽属诙谐，求为正色而谈者，百不得一，名为《谭概》，而实则笑府，亦何浑朴其貌而艳冶其中乎！遂以《古今笑史》易名，从时好也。噫！谈笑两端，故若是其异乎？吾谓谈锋一辍，笑柄不生，是谈为笑之母也。无如世之善谈者寡，喜笑者众，咸谓以我之谈，博人之笑，是我为人役，苦在我而乐在人也。试问：伶人演剧，座客观场，观场者乐乎？抑演剧者乐乎？同一书也，始名《谭概》，而问者寥寥，易名《古今笑史》，而雅俗并嗜，购之惟恨不早，是人情畏谈而喜笑也明矣。不投以所喜，悬之国门奚裨乎？"李渔也说自己所做的"诗文杂著，皆属笑资"，他还告诫读者"以后向坊人购书，但有展阅数行而颐不疾解者，即属赝品"。李渔在《曲部誓词》中曾明确表达了他创作戏曲的目的是"砚田糊口"，既非"发愤而著书"，又非"托微言而讽世"。他在《风筝误·释疑》中也表明："传奇原为消愁设，费尽杜头歌一阕。何事将钱买哭声，反令变喜成悲咽。唯我填词不卖

102

愁,一夫不笑是吾忧。举世尽成弥勒佛,度人秃笔始堪投。"由此可见,李渔更多的是从受众的角度来考虑创作和编辑作品的。

此外,值得指出的是,李渔以清醒的编辑意识还对前代的编辑方法进行了批判。他说道:"班(固)详于马(司马迁)而逊于马,陈(寿)、范(晔)详于班而远逊于班。厥后浮夸烦冗,一事数百其言,读者茫然,得失端委莫之镜,不终篇而厌倦欠伸从焉。顾安得良史才钽冗浮而毋匿其采,衷详略以归至当乎?"李渔在充分肯定司马迁编辑成就的同时,也指出了陈寿、范晔在编辑工作中浮夸烦冗的弊端。

李渔之所以要自己经营书铺,除了发挥他的特长,解决生计问题以外,还有一个很重要的原因就是作为独具慧眼的编辑者,一向精益求精的有着较高审美情趣的他不忍心看着自己的作品被盗印盗刻,那些粗制滥造的仿版盗版让他心痛。他曾说:"至于倚富恃强,翻刻湖上笠翁之书者,六合之内,不知凡几,我耕彼食,情何以堪?"李渔在《与赵声伯文学》中也写道:"弟之移家秣陵也,只因拙刻作祟,翻版者多。故违安土重迁之戒,以作移民就食之图。不意新刻甫出,吴门贪贾即蒙觊觎之心,幸弟风闻最早,力肯苏松道孙公出示禁止,始寝其谋。乃吴门之议才熄,而家报倏至,谓杭人翻刻已峻,指日有新书出贸矣。"李渔自己开办书坊编辑出版图书以来，以图画精致、装帧美观、质量上乘吸引了读者，击败了那些唯利是图的书商，杜绝了他人翻刻之虞，有效地捍卫了自己的版权。李渔也成为我国历史上第一位自觉维护自己版权的文人。

李渔作为有清一代颇有建树的编辑出版家，他的编辑出版实践值得我们认真总结，其编辑思想对我们今人仍很有启发。

第6章

寿寝层园——思想的成熟期

守望故乡

康熙九年（1670），李渔携众姬游闽，经富春江逆流而上，过故乡兰溪。二十年没有回过故乡，看到兰溪故里，物是人非，李渔感慨万千，写下了《二十年不返故乡重归志感》："不到故乡久，归来乔木删。故人多白冢，后辈亦苍颜。俗以贫归朴，农田荒得闲。喜听惟涧水，仍是旧潺湲。"当时的兰溪县令赵滚素来敬重李渔，闻知李渔归乡的消息后，亲自送去"才名震世"的牌匾，并悬挂于夏李村李氏宗祠。

在福州，李渔过了六十寿辰，并作《六秩自寿四首》以记感受。已过花甲的李渔虽然在南京的事业发展得很好，却与常人一样想着落叶归根，思乡之情日切。

次年春，草长莺飞，江南的春天，气候宜人。李渔的家班也正处鼎盛时期，很多官僚在喜庆节日都邀请他去演出，既显身份，又添雅兴。江苏宝应知县孙蕙派人请李渔的戏班为他的寿辰助兴。

李渔应邀携家班为孙蕙演戏祝寿。杜书瀛指出蒲松龄当时为孙府幕僚，在观戏人之中便有蒲松龄。蒲松龄当时还是无名之辈，很是仰慕李渔，便手录李渔的词《南乡子·寄书》相赠。还有人认为蒲松龄有一首诗《孙树百先生寿日，观梨园歌舞》，很可能就是对李渔家班演出情况的记述。

> 帘幕深开灯辉煌，氍毹暝铺昼锦堂。
>
> 氤氲兰雾吹浓香，热云迷朦凝天光。
>
> 旱雷聒耳杂鸣珰，佩环一簇捧红妆。
>
> 藕丝摇曳锦绣裳，黄鹊跹舞带柔长。
>
> 长笛短笛割寒苍，紫楼玉凤声飞扬。
>
> 芙蓉十骑踏花行，爨多娇容立象床。
>
> 参差银盘腻烛黄，琅玕酒色春茫茫。
>
> 轻裾小袖引霞觞，愿君遐龄齐山冈！

从诗中可以看出当时演出场面之热烈、宏大。（需要说明的是：虽然李渔留心于记载自己与他人的交游活动，而他的友人以及与他交游的对象，却少有对此类活动的记载。目前还很难从文献中找到详细的资料证明李渔与蒲松龄有过深入的接触，但如果有，历史上却未流传下来这样两位在文学史上都留下足迹的人物交往的资料确实是一种遗憾。）

醉意园林

康熙十年（1671）夏天，李渔游苏州，居住在百花巷。苏州的文化氛围深深地吸引了李渔，也对他的思想产生了深刻的影响。"上有天堂，下有苏杭"，苏州、杭州这两朵姊妹花绽放着各自迷人的色彩。如果说杭州以西湖景色而驰名的话，那么苏州则是以园林而取胜，有"江南园林甲天下，苏州园林甲江南"的美称。在中国四大名园中，苏州就占有拙政园、留园两席。李渔常常光顾这两大园林，仔细观摩，潜心研究，乐而忘返。

苏州园林是文化意蕴深厚的"文人写意山水园"。古代的造园者都有很高的文化修养，能诗善画，造园时多以画为本，以诗为题，通过凿池堆山、栽花种树创造出具有诗情画意的景观，被称为是"无声的诗，立体的画"。在园林中游赏，犹如在品诗，又如在赏画。为了表达园主的情趣、理想、追求，园林建筑与景观又有匾额、楹联之类的诗文题刻，有以清幽的荷香自喻人品的（拙政园"远香堂"），有以清雅的香草自喻性情高洁的（拙政园"香洲"），有追慕古人似小船自由漂荡怡然自得的（怡园"画舫斋"），还有表现园主企慕恬淡的田园生活的（网师园"真意"、留园"小桃源"），等等，不一而足。这些充满着书卷气的诗文题刻与园内的建筑、山水、花木自然和谐地糅合在一起，使园林的一山一水、一草一木均能产生深远的意境，徜徉其中，可得到心灵的陶冶和美的享受。

苏州是昆剧和苏剧的故乡。被人们誉为戏曲艺术瑰宝的昆剧，兴起于元末明初时的昆山太仓一带。自明代隆庆、万历之交，至清代乾隆、嘉庆年间，昆剧迅速兴盛。其时在苏州城镇、乡村，人们对昆剧迷恋到了如醉如狂的地步，组织业余班社，举行唱曲活动，一年一度的虎丘曲会，几至"倾城阖户"，"唱者千百"。在昆剧鼎盛时期，以苏州为中心，其流布范围几乎遍及全国各大城市，独霸剧坛二百余年。昆剧繁荣，涌现出了一大批优秀的演员，也成就了一批著名的作家，为后人留下了很多传奇剧本。

在苏州，李渔常光顾的另一个地方就是虎丘。虎丘被誉为"吴中第一名胜"，既有精致的园林，更有曲会吸引人们前往。对戏曲情有独钟的李渔、尤侗、余怀是清唱会的常客。伴着寒山寺悠扬的钟声，泛舟湖上，乐而忘返。

唐朝诗人张继的一首《枫桥夜泊》，令古今游客争相来访枫桥，闻听寒山寺的钟声。姑苏城外自然风光秀丽，灵岩、天平、天池和洞庭诸山，点缀于太湖之滨，形成了富有江南风情的湖光山色。苏州既有园林之美，又有山水之胜，自然、人文景观交相辉映，加之文人墨客题咏吟唱，使苏州成为名副其实的"人间天堂"。

《闲情偶寄》

康熙十年（1671）冬，李渔将其一生的心得汇聚成一书出版，此书便是《笠翁秘书第一种》即《闲情偶寄》（又叫《笠翁偶集》）。

《闲情偶寄》内容丰富、涵盖面广。包括词曲、演习、声容、居室、器玩、饮馔、种植、颐养八部，共有二百三十四个小题，论及戏剧创作和表演、妆饰打扮、园林建筑、家具古玩、饮食烹调、养花种树、医疗养生等许多方面。《闲情偶寄》是集李渔美学思想大成之作，充满了独特的文化情趣和鲜明的人文意识。

《闲情偶寄》的写作与当时的社会文化背景有着一定的关联。明朝建国后，随着社会的稳定，人口增多，农业增收，手工业和工商业也得以发展，商业城市相继兴起。至明中叶，国内出现了大商贾和富豪，商品经济进入新的阶段。经济的繁荣带给人们更广阔的审美空间，在衣、食、住、行、用、玩等方面提出了更高的要求。《闲情偶寄》对生活美学、人生哲学的概括，对日常生活中人们随时可以接触到的人物、花木、器玩、饮食、庭院、居室都给予独特的审美关照，正是对明代人们艺术化生活的反映。

《闲情偶寄》中价值最高者，当推其中论及戏曲理论的文字，包括"词曲部""演习部"及"声容部"的某些章节。这些都是李渔从自己的创作实践、演出实践中总结、提炼出来的，具有一定的独创性和实践性。李渔在《闲情偶寄》中对中国古代戏曲理论进行了较为深入、系统的总结，呈现给人们一个结构完整、内容丰富、具有民族特色的戏曲理论体系。这一体系大致可分为创作论和导演论两大部分。《闲情偶寄》的"词曲部"主要围绕戏曲创作的立意、构思、语言、音律程式乃至剧本的通俗化问题展开论述。在书中，李渔首先提出"结构第一"的主张，并把结构第一用于其戏曲创作实践中。他在"结构第一"中提出的"立主脑""密针线""减头绪""审虚实"等等，不少是言人之所未言或人不如其深刻之言。李渔还在"词曲部"中专门设有"宾白"一节，以纠正过去只重曲词之偏颇。李渔要求戏曲的宾白"语求肖似""意取尖新"等等，都是很有见地的。在《闲情偶寄》的"演习部"，李渔总结了昆曲艺术的教学和舞台演出的经验，论及了戏曲演出中应如何选择和改造剧本，如何教授演员唱曲道白以及演员服饰装扮和音乐伴奏等需要注意的一些问题，并指出演戏不能落于俗套，要推陈出新。此外，在《闲情偶寄》的"声容部"中，李渔还对如何挑选、训练演员提出了自己的看法。总之，李渔的戏曲理论称得上是中国古代戏曲史上的一座丰碑，就是今天看来，不少地方仍然闪烁着光彩。

李渔写作《闲情偶寄》的初衷是希望人们读了他的书对美化生活有新的认识，能让生活更加丰富多彩。他还希望通过草木虫鱼、摄生养性知识的论述，旁引曲譬，有助于规正风俗，警惕人心。

当年腊月，新书初成，李渔派人赴京，将《闲情偶寄》数十部分送与自己相熟的朝廷官吏和朋友，请他们作序评点或阅读交流。为《闲情偶寄》作序的有余怀、尤侗；吴梅村、陆丽京、尤展成、余澹心、曹顾庵、王左车、宋澹仙、王安节、陆梯霞、赵声伯、王宓草等人分别对《闲情偶寄》的曲论部分进行了评点。余怀在序言中说："今李子《偶寄》一书，事在耳目之内，思出风云之表。前人所欲发而未竟发者，李子尽发之；今人所欲言而不能言者，李子尽言之。其言近，其旨远，其取情多而用物阂。"又曰："今李子以雅淡之才，巧妙之思，经营惨淡，缔造周详。即经国之大业，何遽不在是？而岂破道之小言也哉！"他们的序言或者评点为揭示李渔戏曲理论的意蕴和价值做出了贡献，为扩大李渔戏曲理论的社会影响发挥了重要作用。

李渔还将《闲情偶寄》送给龚鼎孳、纪伯紫、陈学山等。陈学山对《闲情偶寄》评价甚高，李渔言："（陈学山少宰）得予《闲情偶寄》一书，赞不肖口。书内有'但惜宝不自珍，鸡林广布，不得使某私为论衡'诸语。"李渔甚为感动，言"一人知己，死可无憾。"但李渔送书给友人，并非一无所取。如康熙十四年（1675）李渔游杭州，他在《复朱其恭》中说："拙刻之携来者，送尽无遗，未来者，印而未至，故无以报命。"虽曰"送"，其实是要收取回报的。李渔在《复柯岸初掌科》中载："昨有馈书仪十二金，渔往谢而值其不在，只有贽券一纸，伏于砚台之下。"李渔将书馈赠给达官贵人后，往往可以收到相应的"馈书仪"，这一点可以在李渔晚年迁居时给友人的一封书札中看出："渔行装已束，刻日南归，所余拙刻尚多，道路难行不能携载，请以贸之。同人或自阅，或赠人，无所不可。价较书肆更廉不论，每部几何但以本计。每本只取纹银五分，有套者每套又加壹钱。南方书本最厚，较之坊间所售者，一本可抵三本，即装订之材料工拙，亦绝不相同也。"

但是并非人人可以理解作者的苦心，也并非书一出版就能获得大家的认同，还需要一个接受的过程。据说《闲情偶寄》刚出版不久，李渔的一位友人借此书去看，可时间不长就又送了回来，并说《闲情偶寄》与李渔其他书不同，看得索然无味。原来此人只看了书的前几页，他对戏曲理论不感兴趣，以为这本书里全是讲与戏曲理论有关的，没有什么值得看的，就把书退了回来。李渔知道此事的来龙去脉后，写了一首诗回赠："读书不得法，开卷意先阑。此物同甘蔗，如何不倒餐？"甘蔗根部最甜，李渔深为这位浅尝辄止的朋友感叹。当然，《闲情偶寄》中的词曲部和演习部虽然在戏曲理论方面有很高的价值，但对不研究戏曲或者是对戏曲并不感兴趣的读者而言，就显得略为深奥，而其余六部更能引起一般读者的兴趣。《闲情偶寄》包含了极为丰富的内容，李渔的这位友人如果通览全书，就不会妄下结论了。

可以说《闲情偶寄》最集中、最真切地释放了李渔的智慧、才思。展开《闲情偶寄》，呈现在眼前的是一个富贵闲人的信笔游走，而不是一个落魄的四处打抽丰的才子的满腹牢骚。李渔的可贵之处在于他虽然经常处于经济的窘迫中，可是在他的身上看不到愁苦，体现出的反而是站在更高点上对生活的欣赏和品评。兰心蕙质通常是用来赞美女性的，拿来赞美李渔也不为过。作为一介儒生，李渔表现出来的机巧和才思往往带给人的是意外和惊喜，就如同他在戏曲、小说中经常将人们带到另一番天地。

在李渔车载斗量的著作中，《闲情偶寄》是他最为满意的一部。他在与朋友的信中曾提道："弟以前拙刻，车载斗量，近以购纸无钱，每束高阁而未印。独《闲情偶寄》一书，其新人耳目，较他刻为尤甚。"后人对《闲情偶寄》评价也颇高。孙楷第曾说："其中《闲情偶寄》，的确是部好书，的确是一家之言，在这书中讲词曲，讲声容，讲建筑，讲种植颐养，无一不精细，无一不内行，并且确乎有个人的独得之处。"林语堂在谈到《闲情偶寄》时也说："李笠翁的著作中，有一个重要部分，是专门研究生活乐趣，是中国人生活艺术的袖珍指南，从住室与庭院、室内装饰、界壁分隔到妇女梳妆、美容、烹调的艺术和美食的系列。富人穷人寻求乐趣的方法，一年四季消愁解闷的途径、性生活的节制、疾病的防治……"可见《闲情偶寄》涉及范围之广、价值之高。

从某种程度上说，《闲情偶寄》堪称李渔一生艺术和生活经验的结晶，对后世也产生了不小的影响。五四时期，梁实秋、周作人等人对此书均十分推崇，如周作人称其"文字思想均极清新""都是很可喜的小品""有自然与人事的巧妙观察，有平明而又新颖的表现"。

余秋雨言："我们完全可以把《闲情偶寄》看成是他（李渔）一生艺术感受和生活感受的总汇。""出现在我们眼前的是这部三百年前中国上层社会休闲生活情趣大全，值得我们珍惜。李渔一生，或贫或富，或卑或傲，或显或沉，或清或污，后人对他也褒贬不一，实在是尝尽了人世的酸甜苦辣，但能留下这么一部书，也已完成了他应有的贡献。中国古代汗牛充栋的大量典籍中，哪有几本这样的书：篇篇页页都带给我们远年的乐舞、容色、美味、雅宅、药香?""中国人之所以成为中国人，有玄思哲理，也有具体生活。这部书把古代中国人具体化了。就凭这一点，它也能在社会文化学、文化生态学上取得重要地位，至少，就是一种沉淀着多重文化选择的真实素材。"

杜书瀛在《论李渔的戏剧美学》中言："从元代到李渔的《闲情偶寄》问世的数百年间，戏剧论著不下数十部。特别是明中叶以后，戏剧理论更获得迅速发展，提出了许多十分精彩的观点，特别是王骥德的《曲律》，较全面地论述了戏剧艺术的一系列问题，是李渔之前的剧论的高峰。但是，总的说来，这些论著存在着明显的不足之处。""而真正对戏剧艺术的本质和主要特征（如戏剧的真实问题、戏剧的审美性问题，等等）、戏剧创作的各种问题（如结构、词采、音律、宾白、科诨，等等）及戏剧表演和导演的各种问题（如

115

选择和分析剧本、角色扮演、音响效果、音乐伴奏、服装道具、舞台设计，等等）作深入研究和全面阐述，并相当深刻地把握到了戏剧艺术的特殊规律的，应首推李渔。"他接着指出"他（李渔）的《闲情偶寄》是我国第一部富有民族特点的古典戏剧美学著作，既富创造性，又有相当完整的体系。可以说，在中国古典戏剧美学史上，取得如此重大成就者，在宋元明数百年间，很少有人能够和他比肩；从李渔之后直到大清帝国覆亡，也鲜有过其右者。毋庸讳言，李渔世界观中的落后成分，对他的戏剧创作和美学理论的发展起了消极的阻碍作用，否则，他会有更多的创造性的发现，取得更大的成就。"

从以上所述可以看出，《闲情偶寄》的余响延及数百年。

蟹 仙 果 王

李渔一生喜好华服美食，是一位热爱生活、很懂生活艺术的人。他足迹遍及大江南北，尝遍了各地的特色食品，对美食有着独特的看法，堪称一位美食家。李渔的饮食观是主张清淡、自然，讲究悲悯。因为李渔总觉得"肉食者鄙"，"脍不如肉，肉不如蔬"，所以食物是越脱离了复杂的烹饪程序越好，口味也是越本味越好。在菜蔬中他最推崇笋，其

116

次是疑似松茸的菌菇；喜食之水果，首推杨梅；最爱吃的荤食是蟹。李渔不喜食葱、蒜、韭，认为"葱、蒜、韭能秽人齿颊及肠胃"，有"一生绝三物不食"之戒。

李渔将笋推为菜中第一鲜，他在《闲情偶寄》中说笋"论蔬食之美者，曰清，曰洁，曰芳馥，曰松脆而已矣。不知其至美所在，能居肉食之上者，只在一字之鲜。《记》曰：'甘受和，白受采。'""《本草》中所载诸食物，益人者不尽可口，可口者未必益人，求能两擅其长者，莫过于此。东坡云：'宁可食无肉，不可居无竹。无肉令人瘦，无竹令人俗。'不知能医俗者，亦能医瘦，但有已成竹未成竹之分耳。"

新鲜蔬菜水果在李渔眼中也是美食，他曾经为荔枝、橘子、葡萄、生梨都作过赋，还有一篇写苋菜的《苋羹赋》。一天，李渔偶然吃到杨梅，杨梅那酸甜可口的味道让他大吃一惊，于是李渔一边揩着嘴角指尖，一边欣然拿笔写下《杨梅赋》。在《杨梅赋》的开头便言："南方珍果，首及杨梅。"此后他越尝越爱吃，越看越中意，认为杨梅实是"垂红缀紫之诗""龙睛火齐之誉"，食后又能"绣学士之诗肠"。

有一段李渔病中吃杨梅的佳话流传至今。李渔的思想与常人迥异，他认为自己特别喜欢吃的东西是良药。有一年夏天李渔得了疫疠，可能是重感冒、痢疾之类的传染病吧，人在生病时往往没有什么胃口，会思念平生最爱吃的东西，李渔也是如此。李渔躺在床上，忽然想吃平生最喜欢吃的杨梅，而医生说杨梅性热，李渔又在病中，如果吃了，一二枚即可使他丧命。于是，家人哄骗李渔说街市上没有杨梅。李渔失望之余，病又加重几分。一日，躺在病榻上的李渔突然听到街上传来叫卖杨梅之声，喜出望外，连忙逼家人去买，连吃几枚后，李渔感到浑身通泰，精神大增，病不治而愈。其实水果中唯有杨梅吃得再多也不会吃坏肚子，而且还有"杨梅树下好医病"之传说。但三百年前的医生只知其一：杨梅"性热"；不知其二："杨梅树下好医病"，杨梅有止渴开胃、益气生津等功效。幸亏李渔是个性情中人，不管医生和家人的劝说，喜欢吃什么就吃什么，却在无意间治好了病，从此事就能看出李渔偏爱杨梅胜过自己的生命。

杨梅的花期很短，杨梅开花也是一奇。杨梅花开于立春前后，细小黄白，子夜开，天亮谢。李渔说："杨梅无香，与海棠齐恨。然悦色知味者，未尝以海棠无香而辍其怜，杨梅无香而驰其爱。以其一美、一甘，俱臻至极之地也。"

李渔还有一大嗜好，就是特别爱吃螃蟹，他言自己"终生一日皆不能忘之"的即是此物。每年于螃蟹未上市时李渔即储钱以待，自称购蟹之钱为"买命钱"，每日餐桌上不可无蟹，人称"蟹仙"。金秋伊始，河蟹初出，李渔每天一大早就赶到鱼市等候，一直到霜降后蟹绝之时才止。不仅如此，李渔还恐怕蟹汛过后吃不到蟹，就让家人洗瓮刷瓮，酿酒备糟，供糟蟹之用。甚至连有关的器皿杂物都得专用，并取专名。他认为"蟹是世间至美之物"。在《蟹赋》中一起首李渔便言："天下食物之美，有过于螃蟹者乎？""蟹之鲜而肥，甘而腻，白似玉而黄似金，已造色、香、味三者之至极，更无一物可以上之。""南方之蟹，合山珍海错而较之，当推第一，不独冠乎水族、甲于介虫而已也。"他认为吃蟹最宜将全蟹蒸熟，盛在瓷盘中，列于桌几上，让食者自剥自食。这样可以"断一螯，食一螯，则气与味纤毫不漏。出于蟹之躯壳者，即入于人之口腹，饮食之三昧，再有深入于此者哉？"李渔把自己癖蟹的食性和食趣归结为"在我则为饮食中之痴情，在彼（蟹）则为天地间之怪物矣"。李渔言食蟹"含之如饮琼膏，嚼之似餐金粟"。李渔嗜食河蟹是出了名的，亲朋好友都称他为"蟹癖"。凡有意要宴请他的人，都特意选择在蟹汛之期，邀他共席，以满足他"但期对酒能逢蟹"的食兴。家人即便是典当物品也要在汛期为李渔买上几筐肥嫩的蟹。

李渔极爱螃蟹，写了一篇《蟹赋》专门吟咏螃蟹，又在《闲情偶寄·饮馔部》一节专论螃蟹之妙。他还写了多首与螃蟹有关的诗。如《忆蟹》《谢蟹歌为归安令君何紫雯作》《丁巳小春偕顾梁汾典籍、吴云文文学，集吴念庵斋头啖蟹甚畅，即席同赋。韵限蟹头鱼尾》《念庵招饮后，蟹遭雾障，售者寥寥。越十日而复招啖蟹，予子及婿皆在焉。因复歌之，仍用蟹头鱼尾之韵》等。

李渔一生中虽常有"自客苕溪终日蟹""斗酒双螯供晚醉""持与酒杯共，如卷手不释"的食蟹甚畅之时。但是并非能如李渔所愿顿顿可以食蟹，经济的拮据，让他也常常发出如下的感叹："自别金陵蟹，囊空市味疏""无酒无钱避蟹螯，街头遇见无颜色""一年能有几番持，等得钱来君（蟹）已蛰""欲买无钱空目睁""客贫无蟹度重阳"及"蟹时不得归，归时蟹已没""停舟难值蟹螯时，枵腹又负一年秋"。他甚至面对众蟹叹道："蟹乎！蟹乎！汝于吾之一生，殆相终始者乎？所不能为汝生色者，未尝于有蟹无监州处作郡，出俸钱以供大嚼，仅以悭囊易汝。即使日购百筐（只），除供客外，与五十口家人分食，则入予腹者有几何哉？蟹乎！蟹乎！吾终有愧于汝矣。"

作为蟹仙果王的李渔，在经济条件有限的情况下，更加珍惜大自然赐予人类的美味佳馔，他的体悟才更为深刻，便有了流传至今的《闲情偶寄·饮馔部》。

游 京 师

康熙十一年（1672），六十二岁的李渔又开始了一次远游。岂料此次出门，虽然也有所获，得到一些馈赠，但却让他肝肠寸断。

从正月开始，李渔就组织家人准备出门，刚刚生完孩子不久的乔姬不听劝说，硬是缠着李渔要一同前往。李渔开始不允，但经不住乔姬的苦苦哀求，加之李渔也认为有乔姬相陪，旅途将平添几分快乐。他便答应了乔姬的请求。乔姬身体虚弱，起初还强颜欢笑，后来却突然病故，让李渔痛哭失声。

李渔挥泪写下了《断肠诗二十首哭亡姬乔氏》。李渔在诗的序中言："人谓悼亡诗至二十律，无乃过繁？予犹苦其韵短情长，不足舒悲痛牢骚之万一也！"李渔在诗中有"身连土壤心同穴，酒滴泉台泪满卮。从此不闻金缕曲，老来岁月任星驰""倩女若能回玉趾，相如端不负琴心。霜风飒飒肠增裂，夜雨萧萧涕莫禁。愿假黑甜常会汝，巫山经过易追寻""天上无舟容范蠡，人间少月住嫦娥。才知久别非真别，妒杀河干织女梭"等句。宋荔裳有评"读笠翁断肠诗，缠绵凄恻，使人泣下。乔姬固难再得，而花晨月夕，令二八女郎按拍而歌此辞，常闻环佩珊珊，招魂复起也。"倪闇公评："断肠二十首，惨伤之中，能使奇情杰句风卷云生。觉潘岳《悼亡》，不得复有千古。"

游楚，过九江，抵汉阳，李渔写《过九江得顺风，舟不得泊，四日夜抵汉阳》四首以记怀。登黄鹤楼，作《登黄鹤楼》诗。

次年，李渔再次游京师。过扬州时，作《次韵和黄无傲广陵怀古》；过高邮，作《阻风秦邮，喜酒米鱼虾皆贱，似石尤有灵，择地而发者。喜成四绝》；过清江闸，陆驭之、汤圣昭、彭观吉、张力臣等人过访，演剧度曲，作《舟泊清江守闸，陆驭之司农、汤圣昭刺史、彭观吉、张力臣诸文学，移尊过访，是夕外演杂剧，内度清歌》及《送我入门来（舟中飓风大作，尘飞蔽天，时泊清江闸口）》词；过清河，作《题清河陈氏宅》诗；过桃源，作《舟次桃源戏作》诗；渡黄河，作《黄河篇》诗。

一路走走停停，终于到了京师。而此次到京师李渔却受到了更大的打击。先是家班的另一台柱王姬病亡，李渔作《后断肠诗十首》悼之。李渔将自己暂居京师的住所题为"贱者居"，好事之徒在李渔对门题为"良者居"，加之李渔熟识的朋友，有权势的龚鼎孳等势衰，李渔在京师受了一肚子气。

康熙十三年（1674），经过一路颠簸，李渔在寒食后一日抵家。他作了二首《寒食后一日归自燕京》以记。

回家后，李渔起初是居家不出，接连失去两位红颜知己和家班的台柱，让李渔痛心不已。李渔一生的经济来源，主要靠他创作戏曲、小说，以及编辑出版书籍赚钱，戏班也在一定程度上可以贴补家用。家班中的姬妾有时可以得到友人的缠头。缠头主要有两种，即诗赋和财物。尤侗《悔庵年谱》载："金陵李笠翁（渔）至苏，携女乐一部，声色双丽，招予寓斋顾曲相乐也，予与余澹心（怀）赋诗赠之，以当缠头。"李渔对诗赋和财物都是乐于接受的："赠罢新篇客始归，缠头锦字压罗衣""缠头已受千丝赠，锦句何殊百宝钿"。所得的财物，多为姬妾自用，也可减轻家庭的经济负担。

李渔写下了《重过江州，悼亡姬，呈江念鞠太守》《自乔姬亡后，不忍听歌者半载。舟中无事，侍儿清理旧曲，颇有肖其声者，抚今追昔，不觉泫然，遂成四首》等诗作哭悼乔、王二姬，还为乔、王二人写了一篇《乔复生王再来二姬合传》，希望二姬能复生、再来，情深意切，催人泪下。乔、王二人先于李渔而亡，她们得到了李渔那么多凝结着泪水和心血的文字，最主要的是她们获得了李渔的尊重和爱怜。冬碧玫评《乔复生王再来二姬合传》时说："昔人谓相如传殆其自作，太史公爱其文词，不忍去，因为删拾成篇，入之《史记》。笠翁之文词乃一种深情逸致，真不减相如，异日有太史公出，必将采而著之。二姬可以不朽，视世之艳冶自命而仅享瞬息之荣者，其所得大小、厚薄为何如也？"毛稚黄言："今乔王二姬得笠翁之文为传，虽夭亦快。且使其后笠翁而死，则何从得此？然则其不寿也，乃其所以为大寿也欤！"

随着夏天的到来，为了缓解失去乔、王二姬的痛苦，李渔不愿意待在家中，接连出游。先是游芜湖。秋天，又去了杭州，访武林旧居，作《再过武林旧居时已再易其主》诗。

康熙十四年，李渔再赴杭州，为浙江巡抚陈司贞祝寿。五月，游绍兴。夏天，送长子将舒、次子将开应童子试。李渔再次坚定了回归故乡的想法。在经过桐庐县严陵钓台时李渔写下一首词《多丽·过子陵钓台》，深刻地剖析了自己的一生。词曰：

> 过严陵。钓台咫尺难登。为舟师，计程遥发，不容先辈留行。仰高山，形容自愧；俯流水，面目堪憎。同执纶竿，共披蓑笠，君名何重我何轻！不自量，将身高比，才识敬先生。相去远，君辞厚禄，我钓虚名。

> 再批评。一生友道，高卑已隔千层。君全交未

攀衮冕，我累友，不恕簪缨。终日抽丰，只愁戴
月，司天谁奏客为星？羡美尔足加帝腹，太史受虚
惊。知他日，再过此地，有目羞瞪。

次年，六十六岁的李渔决计移家杭州。

修 筑 层 园

康熙十六年（1677），为了方便儿子们回原籍应试，李
渔动了归乡之念。从金陵移家杭州时，不仅别业、书坊、衣
物，甚至连妻妾女儿的簪珥都卖光了才勉强还清债务。

孟春时节，李渔移家至杭州。八月，游湖州，受到知
府胡子怀款待，作《吴兴太守歌》颂之。在当地官员的资
助下，李渔买下了吴山东北麓张侍卫的旧宅，开始营建
"层园"。

层园是李渔为自己建造的第三座住宅，也是一座园林。
已到垂垂暮年的李渔知道这里将是自己最后的归宿，他倾其
心力，将自己一生对园林的审美构想都用在打造层园上面。

李渔自称"生平有两绝技"，"一则辨审音乐，一则置
造园亭"。置造园林是李渔一生之中的乐事之一。李渔在园
林的构建上别具慧眼，为自己营建了伊园、芥子园、层园，
三个园林风格各异，令人称奇。他还被别人请为设计师，如

麟庆在《鸿雪姻缘图说》中记载：半亩园在京都紫禁外东北隅弓弦胡同内，延禧观对过。原本贾中丞汉复宅。李笠翁客贾幕时，为葺斯园，垒石成山，引水作沼，平台曲室，奥如旷如。

次年春天，在朋友、官员们的资助下，层园修成。层园的修建让李渔将朋友捐助的钱也全部投进去了，李渔又陷入了窘境。但是看着层园内的回廊亭桥，曲径流水，奇花异草，李渔的心情无比喜悦。他又精神十足地投入到他的文化产业中去。在立秋日，撰写了《笠翁别集·弁言》。中秋前十日，作了《耐歌词·自序》。

层园缘山而筑，坐卧之间都可饱赏湖山美景。"繁冗驱人，旧业尽抛尘市里；湖山招我，全家移入图画中。"李渔贫中寻乐，准备安享晚年了。

由于搬家的劳累，李渔一次失足从楼梯上滚下，伤了筋骨，从此李渔贫病交加，甚至正在修订的《笠翁一家言》也难以继续了。他为此向京师老友写了一封公开信《上都门故人述旧状书》，请求援助，其所述境况，所兴感慨，无不让人痛心怜悯。

《芥子园画传》出炉

康熙十八年（1679），对李渔而言，是难熬的一年，虽然层园已经落成，可作为一位年近七旬的老人，他却是身心俱疲，奔波劳累了一生的他，只得躺在病床上打发时光。

到了年底，李渔的病慢慢好了起来，一大家子人还等着他养活。李渔强打精神，撑着病体，又开始工作。仲冬朔，李渔为《千古奇闻》作了一篇序。

看到自己又能动笔了，李渔十分兴奋。冬至这一天，李渔唤来女婿沈因伯，兴致勃勃地谈到自己多年来对画作很感兴趣，想编一本关于学画者的入门书，也就是画谱，像《十竹斋画谱》那样的，"可惜呀，到现在都未能如愿！"沈因伯说："家翁不必心焦，您看这是什么？"随即从怀中掏出了一本画册，也就是后来的《芥子园画谱》的草稿。原来，沈因伯是位有心人，李渔在他面前几次提到想出一本画谱的事情，他上次拿来家里传下来的画集，李渔并未首肯。于是他聘请了当代画家王概、王耆、王臬三兄弟，在保存的明末画家李流芳的四十三幅课徒画稿基础上增补绘制完成了这本画册。

接过画册，李渔一边看一边赞赏："好！""不错！""一定要用套印把这本书印制得精美绝伦，让后学受益！"沈因伯在一旁点头称是，看到岳父精神很好，他连忙拿来纸笔请李渔为《芥子园画传》作序。李渔也不推辞，挥笔疾书，一篇序文当即写好。

《芥子园画传》按照李渔的意思，用当时最为先进的印刷技术——五色套印，出版发行以后，深受人们喜爱。《芥子园画传》共四集。第一集为山水画谱，共一百三十三幅；第二集为兰、竹、梅、菊画谱，共一百二十五幅；第三集为花、鸟、鱼、虫，共一百六十六幅。到了嘉庆二十三年（1818）又出版了第四集，为人物画谱，是书商们汇集各地名家的人物画谱印成，共三百二十四幅。

到第四集出版的时候，李渔早已去世了。但李渔倡编的这套画谱，是第一套介绍国画技法的书籍，内含画法说明和画法歌诀，言简意赅，通俗易懂。该书问世三百多年来，被奉为学习国画的入门教材。国画大师齐白石、徐悲鸿、林风眠等人，幼年时都曾临摹过《芥子园画传》。可以说，在中国的画坛上，《芥子园画传》影响深远，施惠无涯。而李渔和芥子园也因这部巨著所产生的作用和影响而永留青史。

有缘《三国》

连着为《千古奇闻》和《芥子园画传》写序言，让李渔心情大好，而且还有一件喜事在等着他。

康熙十八年（1679）腊月的一天，沈因伯拿来了毛纶、毛宗岗父子所评的《三国演义》（下文简称《三国》），李渔看后，为之叫好不绝，因为李渔自己对"四大奇书"也颇有好感。"四大奇书"指明代的四部为人称奇的杰作《三国》《水浒》《西游记》《金瓶梅》，它们分别开创了古代长篇小说的四个重要领域——历史演义、英雄传奇、神魔小说、世情小说。将这四本书定为"四大奇书"并将《三国》推为"四大奇书第一种"始于李渔。

对于"宇宙四大奇书"之书目，明"后七子"之一的王世贞所定的是《史记》《南华》《水浒》与《西厢》四种。而冯梦龙所定的则是《三国》《水浒》《西游》与《金瓶梅》四种。李渔的观点倾向于冯梦龙，李渔认为："愚谓书之奇，当从其类。《水浒》在小说家与经史不类；《西厢》系词曲，与小说又不类，今将从其类以配其奇，则冯说为近是。"李渔还认为，上述"四大奇书"当中，最奇之书非《三国》莫属，他说："然野史类多凿空，易于逞长，若《三国》则据实指陈，非属臆造，堪与经史相表里，由是观之，奇莫奇于《三国》矣。"那么，《三国》到底奇在哪里？对《三国》情有独钟的李渔认为，《三国》之奇主要体现在三个方面。第一，"《三国》者乃古今争天下之一大奇局"；第二，"演《三

国》者，又古今为小说之一大奇手"；第三，评《三国》者，
韶"布其锦心，出其绣口"。由于上述三个方面因素，李渔
认为在"四大奇书"当中，"第一奇书"之名非《三国》莫
属。李渔向世人宣称：《三国》"诚哉第一才子书也"。"第
一才子书"的提出和定名、定位，对《三国》一书的价值、
声望及学术地位都有一定程度的促进作用。

李渔自己本来早有评点《三国志通俗演义》之意，也一
直在做，只剩一些收尾工作，却因病一拖再拖，不想却让
毛氏父子抢了先。但能为毛氏父子评点的《三国志通俗演
义》作序也算是平生一大快事。李渔欣然提笔，写了一篇序
言。在《三国志通俗演义》序中，李渔对罗贯中著的"文不
甚深，言不甚俗"的历史演义给予了很高评价；对毛氏父子
"布其锦心，出其绣口"的整理和评点大加赞赏。

在为毛氏父子写序之后，李渔将搁置已久的事情又拾
起来，将评点《三国志通俗演义》的工作做完。于是便有
了现在我们看到的芥子园本《李笠翁批阅〈三国志〉》，该
本是孙楷第所亲见。《李笠翁批阅〈三国志〉》共二十四卷
一百二十回，封面题"笠翁评阅绘像三国志第一才子书"，
在正文之前有一百二十页二百四十幅图。现在藏在首都图书
馆和法国巴黎国家图书馆。

《三国》评点本传世的不多，毛评本、李评本最为有价

值。李渔在毛纶、毛宗岗父子评点的《三国志通俗演义》的问世及该书流传之始扮演着十分重要的角色，起着不可忽视的作用。

据说李渔还评点过《金瓶梅》。《金瓶梅》是一部曾多次被禁毁的小说，李渔大胆评点了该书，甚至有研究者认为《金瓶梅》的作者就是李渔。可见李渔是重视《金瓶梅》的，但在评点该书的过程中他并不是一味持赞赏的态度。

李渔的评点思想体现了李渔对"奇"的认同和尊崇。但是李渔在评点中，并不是毫无原则地一味倡导"奇"，而是有一定的分寸。这凸显出李渔独特的审美意识，也在一定程度上体现出身为一个受过儒家传统教育的文人对自己群体价值的坚守。

葬骨西湖

康熙十八年（1679）底的几件喜事，让李渔极为兴奋，但也让他费了很多心思。过分的喜悦和劳累，使李渔的身体越来越弱。眼看到了新年，家人都在为过年忙碌着，而李渔却再次病倒。

一向喜欢美食华服的李渔，却只能躺在床上度过他人生中最后的一个新年！听着外面此起彼伏的鞭炮声，李渔喃喃自语："新年到了!"他终于等到了新的一年。

康熙十九年正月十三，天空飘起了纷纷扬扬的大雪。雪在杭州是比较少见的。下雪时气温很低，到了凌晨，李渔睁开双眼，他想看看外面，窗外是白茫茫一片。"天亮了吗?"他低声问守在旁边的家人，"是下雪了! 父亲!""下雪好啊! 雪中的西湖该更美吧!""洁白的雪呀，多像柳絮!"

李渔的脑中闪现出了当年当五经童子，携虎回乡，创作戏曲、小说，兴建层园，带领戏班演出，与好友泛舟西湖，游京师等等场景，恍惚中，他慈爱的母亲、伯父，哦，还有父亲、大哥李茂，有徐氏，有乔、王二姬……都向他涌来，"事情怎么这么多! 人怎么这么挤! 他们都来叫我来了! ……"李渔低声断断续续地喊着。

喊着喊着，声音越来越微弱，他实在太累了! 李渔的眼睛慢慢地闭上了，像睡着了一样，再也没有睁开。这位奋斗一生、立志创新的老人就这样在一个即将迎来曙光的黎明与世长辞了。

看到李渔离去，家里人慌作一团。第二天早上，时任钱塘县令的梁允植闻讯赶来，出资与李渔的家人一起将李渔安葬在杭州方家峪九曜山上。梁允植题其碣曰："湖上笠翁之墓，弟梁允植立"。

梁允植，生卒年不详。字承笃，号冶湄，直隶正定（今属河北）人。贡生，历官延平知府。李渔在康熙五年游历秦地时与其相识。康熙十三年李渔从江宁出发再次游杭州时，梁允植已任钱塘县令，李渔前去拜访，梁允植请李渔在西湖上酣饮，嘱托李渔替他选订著作《柳村词》及《藤坞近诗》。后来李渔从金陵移居杭州时，梁允植仍在钱塘知县任上，对李渔多加关照。李渔死时，梁允植作七绝《哭笠翁》四首，又为李渔《论古》、诗文集作评。李渔和梁允植两人交情甚厚，袁震宇已从梁允植的《藤坞诗集》中发现《寄讯笠翁抱病》五律一首和《哭笠翁》七绝四首，但此集中尚有另外两处与李渔有关之文字，即《春日邀潜子、笠翁、苪思小饮，潜子以诗见贻，依韵奉和》和《答苪思郎用原韵，是日邀潜子、笠翁同饮斋中》，李渔称梁允植"令浙七载，政不胜书"，并有多篇诗文称颂其品德及政绩。《资治新书》收有梁允植的文章。

关于李渔老来湖上的生活及身后状况，仁和孝廉赵坦（宽夫）《保甓斋文录》卷三《书李笠翁墓券后》一文详细记载了李渔卒后葬地等情况。"笠翁名渔，金华兰溪人。康熙初，以诗古文词名海内。晚岁卜筑于杭州云居山东麓；缘山构屋，历级而上，俯视城阗，西湖若在几席间，烟云旦暮百变，命曰层园。客至，弦歌迭奏，殆无虚日。卒，葬方家峪九曜山之阳。钱塘令梁允植题其碣曰'湖上笠翁之墓'。

今墓就圮矣。""仁和赵坦命守冢人沈得昭修筑之，复树故碣，且俾为券藏于家。坦作《书李笠翁墓券后》纪事曰'笠翁豪放士，非坦所敢慕。特以其才有过人者，一抔克保，庶可无憾'。时嘉庆十二年三月二十七日也。"

第 7 章

挑 战 传 统

"求新""求变"是李渔思想的核心。作为一位文化领域的多面手，李渔的情理观、女性观、商业观、教育观等都表现出独特之处。李渔的观点往往出人意料，言人所未敢言，其思想观念之特异主要表现在他能够跳出前人的既定思维，打破传统的表达方式，勇敢地将自己的观点呈现在世人面前。他反思所处时代人们的商业伦理，翻新儒家观念，演绎别样情爱模式，变通贞节观，拓宽教育范围，表现出一位有思想、有追求的文化人的新特色。

反思商业伦理

　　李渔受过儒家文化教育，但到了明末清初，人们的义利观有了很大的转变，因而对李渔的思想观念也产生了很大的冲击，使他在阐释儒家观念时带着鲜明的时代特色。受时代和生活经历的影响，李渔在创作中不仅注重对商人形象的刻画、对经商之道的叙写，尤其值得关注的是他把儒家的文化观念和仁政的政治观念移用到经商上，意图由此构建一种新的商人精神和商业伦理。在李渔的世界里，行孝、施仁政、做善事，除了能换来财富以外，还应在精神上受到褒奖。这样一来，就把道德价值和伦理价值巧妙地转换为了一种经济价值，做到财富、道德两兼顾。这也暗合儒家的中庸文化及其本人追求两兼擅的文化理念，呈现出新的特质。

　　可以说义利观在先儒孔子那里就已有了标尺。他抨击见利忘义，"君子喻于义，小人喻于利"，为后人的价值取向定下了规范。汉代的重农抑商更是使商人成了四民之末，受到社会各阶层特别是知识分子的鄙视。然而到了明代，传统的义利观有所突破，对金钱的明确接受、认可成为全社会普遍的意识，人们的商品意识极为活跃。到了明清之际，政治的变迁曾在一定程度上加速了"弃儒就贾"的趋势。更重要的是，这一变迁也有助于削弱传统的四民论的偏见，使士不再毫无分别地对商人抱着鄙视的态度。特别是明代中叶以后，朱元璋在明初制定的"重农抑商"政策有所松动，宋元时兴起的商业经济在一度受挫后开始复苏，工商势力重新开始活跃，在杭州、苏州、广州、武汉、芜湖等城市，商贾辐辏，这些城市成为商品的集散地。而李渔的小说基本上就是在留居杭州期间所创作的，其中有不少商人形象，恐怕与此不无关系。与此同时，社会上也出现了"多以货殖为急"的局面。

商业的繁荣使市民阶层迅速壮大，其中一直居于下层的商人的经济实力日益突显，生活奢靡，逐渐引起人们的关注和羡慕。由于商人们从骨子里对文人的尊崇，在致富以后希望通过与文人的交往缓解自身对传统背离的歉疚，获得心理上的平衡。商人们便附庸风雅，与贤士大夫倾盖交欢，往来唱和，并且成为一种风气。而文人士子也逐渐改变不屑与商贾为伍的清高态度，开始从较为封闭的圈子中走出来，与商人交游。在明代中后期的文人圈里，许多未入仕途的下层文人相当活跃，其中有不少本来就出于商人家庭，如在当时文坛有较大影响的李梦阳、李贽的父祖辈即为商人，李渔的父辈亦是商人。在明代诗文中也间或有商人出现，在小说戏曲中还塑造了商人的形象。正如余英时所说的，由于商人的社会活动在当时特别引人注目，故晚明小说也往往以商人为故事的主角，不但久已行世的"三言""二拍"如此，而且近时发现的《型世言》也是如此。这也可以看作是商人数量在此期内激增的一个折影。

生活在明末清初的李渔受此社会潮流的影响，从而在创作中探讨和反思钱财与人们生活之关系自当是在情理之中的，而且所塑造的商人形象大多是正面的，表达了对商人精神、商业伦理的独特见解。

李渔对儒家观念的新解和移用，还与他的生活经历有着很大的关联。李渔幼年早慧，却仕途不顺，无固定的经济来源，为养家糊口，只得卖文求生。李渔不仅感触到世风的日下，人心的叵测，荣辱的无定，而且经历了改朝换代的冲击，李渔将胸中块垒，化作一个个字符，铺洒在纸上。李渔积极地"以文为戏"，既抒发了自己的各种感触，又能有益于教化。李渔在《闲情偶寄》卷二"语求肖似"中自述其处境和心态："予生忧患之中，处落魄之境，自幼至长，自长至老，总无一刻舒眉。惟于制曲填词之顷，非但郁藉以舒，愠为之解，且尝僭作两间之人。……未有真境之所为，能出幻境纵横之者。我欲做官，则顷刻之间便臻荣贵。……我欲做人间才子，即为杜甫、李白之后身。我欲娶绝代佳人，即做王嫱、西施之原配……"李渔的内心独白虽见出一些洒脱，却又流露出几许无奈与中下层文士的自娱心态。

李渔一方面辛勤耕耘于写作，另一方面还要为保护自己的知识产权而四处奔波，与人交涉。早在居住杭州期间，使李渔感到很可恼的便是作品经常被一些书商随意翻版刻印，虽经屡次交涉，仍收效甚微。既无奈，又愤恨，只得移家金陵。此后，盗版、剽窃的现象仍未好转。对于这种不良风气，李渔为了维护权益，保护自己的知识产权，一方面向社会大声疾呼，请求有关当局主持公道；另一方面，对那些不择手段的书商严加痛斥："……不许他人翻梓。已经传札布告，诫之于初矣。倘仍有垄断之豪，或照式刊行，或增减一二，或稍变其形，即以他人之功冒为己有，食其利而抹煞其名者，此即中山狼之流亚也。当随所在之官司而控告焉，伏望主持公道。至于倚富恃强，翻刻湖上笠翁之书者，六合以内，不知凡几。我耕彼食，情何以堪？誓当决一死战，布告当事，即以是集为先声。总之天地生人，各赋以心，即宜各生其智，我未尝塞彼心胸，使之勿生智巧，彼焉能夺吾生计，使不得自食其力哉！"可在明末清初，李渔的呐喊，人微言轻，起不了多大作用。虽然说李渔是著作等身，并以此作为养家糊口的资本，可是，由于书商们的肆意盗版，私自翻刻，使他赖以生活的经济来源大受损失，故而不得不经常为生计发愁。所以，李渔更加希望能够在社会上建立起理想的商业伦理和商业道德。

尽管在明代已经有人提倡以诚信经商，甚至倡导一些商人道德，但商人经商、说谎、作假还是他们的常态。

商人们在赚钱以后，到烟花柳巷寻求快乐，在此之余，他们也不乏精神上的追求，喜看戏听曲，通俗小说时常放在案头，夹在行囊，还建造园林，把玩古董，收藏书画，研习诗文，其中不乏行家里手，有些甚至具有较高的文艺修养。商人并非个个为富不仁，有些商人同样追求儒家伦理，讲道德、求教化，不是自学儒家伦理，就是征引儒士，馆于家中，让他们教诲自己的子弟。商有士行，甚至一些商人之行还为一般士人所不及，这是晚明商人精神的新动向。明末清初学者将此类人称为"商士"，说明这些商人虽为经商，却有轻利重义的士行。明代人的金钱观念是普遍而突出的。金钱在那个时代几乎成了人生运转的中心。这在当时的许多笔记中有很多的记载。如冒襄的《影梅庵忆语》言，家君向余曰："途行需碎金，无力办。"余向姬索之，姬出一布囊，自分许至钱许，每十两可数百块，皆小书轻重于其上，以便仓促随手取用。可见其时金钱的使用和作用之一斑。实际生活上金钱如此不可或缺，在思想观念上，则更为突出和重要。

因为时代和自身经历的影响，李渔有意识地在创作中反思钱财从何处得来才算正途，钱财与人们的日常生活有着怎

140

样的联系，如何经商才算是"义商"，理想中的商人精神和商业伦理该是什么样的。于是，李渔把价值观念的转变、社会行为取向的变化以及知识分子对利的认识、人生的思考，都在作品中形象地表达了出来。

翻新儒家观念

生活在明末清初的李渔不仅感受到"商"的地位的变化，而且他自身又有卖文糊口和与盗版作斗争的经历，故对商人的了解更为深入，便在小说中叙写对商人和经商的认识和感受。这成为李渔小说创作的又一重要内容，其中深含着他对商人精神的认识及对商业伦理的构建，也是明清之际商品经济的发展在小说戏曲创作中的反映。

首先，李渔将儒家传统的文化观念和政治观念的"仁政"移用到经商中，以之作为商人经商的指导原则。

在组织故事时，主人公不为钱财却赢得巨"富"。

《十二楼》中《生我楼》（后改为传奇《巧团圆》）的主题是宣扬孝道，却又将孝道与经商结合在一起，更重要的是"孝"也有经济价值，"孝"也可以受益无穷，可以"润身""润富"，获得无穷的利益。儒家惯常只讲究社会舆论，在明清之际特定的背景下，"孝"除了能换来声誉，也能将道德价值、伦理价值转换为经济价值。这从"孝"的角度来看是有一定的合理性的。除了精神上的奖励，也有物质上的收益，很好地阐释了孟子的"仁爱"观点。

《生我楼》中的主人翁姚继虽然只是一个小商人，但他却认为人们应该遵循先儒"老吾老以及人之老，幼吾幼以及人之幼"的"仁爱"思想，他说：

> 鳏寡孤独之辈，乃穷民之无靠者，皇帝也要怜悯他，官府也要周恤他。我辈后生，只该崇以礼貌，岂有擅加侮嫚之理？

因为姚继的"仁爱"，他花钱买老父、买老妪、买少女，看似投资大，无收益，让他想不到的是他做好事的善举，却得到了一连串的好处：不仅找到了亲生父母，寻见了未婚妻，而且拥有了万贯钱财，真是"十两奉严亲本钱有限，万金酬孝子利息无穷"。

"孝"不但能生息，李渔还用对比的手法在《重义奔丧奴仆好贪财殒命子孙愚》中将单龙溪家的义仆单百顺的"忠""孝"与单龙溪家的两个孩子的"不孝"对举，演绎了重义和贪财两者截然不同的结果。小说讲的是商人单龙溪家中的义男单百顺是家仆，表面上看好像主人是商家老板，其实单百顺才是真正的经营者，因为"龙溪脱不去的货，他脱得去；龙溪讨不起的账，他讨得起"。单百顺有过人的经商之才，却对主人忠心耿耿，并不另起炉灶。而单龙溪的两个儿子，为了占有钱财，连生病的父亲都弃之他乡，单百顺却一心一意照顾病危的主人，其忠义感动了主人，主人临终前将家财全部赠予他。单百顺对主人的赠予坚辞，并且无怨无悔地替主人发丧，把忠义看得比钱财高出无数倍，最后获得了无穷的财富，而单龙溪的两个儿子却人亡财空。李渔在小说中向人们展示这样一个道理：财心太重则不孝，应该"激发孝心，冷淡财心"。但他并不是把"孝心""财心"对立起来，其中隐含着对"财心"与"孝心"辩证关系的探讨："凡为子孙者，看了这回小说都要激发孝心""凡为父祖者，看了这回小说都要冷淡财心"，只要有孝心就可以获得好处，为奴仆也可以成为巨富；"冷淡财心"可以获得孝子。而这对当今商业伦理的规范也有一定的借鉴意义。

其次，李渔认为经商不仅仅为钱财，也应存"雅道"。

商人的"雅道"具体表现在《萃雅楼》的描写中，李渔提出了"货真价实"的经商理念。小说中的三个少年商人金仲雨、刘敏叔、权汝修分别开着书铺、香铺、花铺。他们做生意之法，又与别人不同：虽为着钱财，却处处存些雅道。收贩的时节有三不买，出脱的时节有三不卖。哪三不买？低货不买；假货不买；来历不明之货不买。哪三不卖？太贱不卖；太贵不卖；买主信不过不卖。"货真价实"四个字，原是开店的虚文，他们竟当了实事做。他们遵守信奉的是"货真价实"四个字，因而生意兴隆。他们三人将"重义轻利"的"虚文"当实事来做。因为他们的"雅道"，生意兴隆，小说写道："初开店的时节，也觉得生意寥寥，及至做到后来，三间铺面的人都挨挤不去。由平民以至仕宦，由仕宦以至官僚，没有一种人不来下顾的。就是皇帝身边的宫女要买名花异香，都吩咐太监到萃雅楼上去。其驰名一至于此。"

经商的"雅道"还表现在《遭风遇盗致奇赢让本还财成巨富》一篇中。小说讲的是明代弘治年间，广州南海县人秦世良三次向财主杨百万借银外出经商，结果货物皆遭骗取、抢劫或是丢失。后来，骗取秦世良三百两银子的人做了南海知县，百倍奉还了所骗的银两；劫去秦世良货物的人成了朝鲜驸马，也百倍偿还了所劫财物；误将秦世良二百两银子当作自己的银子的秦世芳亦赢利三万，而秦世芳在因误致富后毅然将一半财物归还给秦世良。这样，秦世良因祸得福，成了巨富。不仅杨百万的名声得以传扬，而且杨百万借出的钱财也得以归还。

小说中的杨百万以漂洋起家后，只以放债为事，却与当铺之放债规矩不同。当铺里面，当一两二两，是三分起息；若当到十两二十两，就是二分多些起息了。他却翻一个案："借得少的，毕竟是穷人，哪里纳得重利钱；借得多的，定

144

是有家事的人，况且本大利亦大，拿我的本去趁出利来，便多取他些也不为虐。"所以他的利钱，论十的是一分，论百的是二分，论千的是三分。人都说他不是生财，分明是行仁政，所以再没有一个赖他的。小说的结尾写道："照秦世良看起来，相貌生得好的，只要不做歹事，后来毕竟发积，粪土也会变作黄金。照秦世芳看起来，就是相貌生得不好，只要肯做好事，一般也会发积，饿殍可以做得财主。"

李渔认为商人应将"雅道"看得比"利"更重，在看重"利"的同时也需讲"义"。

再次，在李渔看来，行孝、行仁政能获利，而做好事者也不会折本。

《连城璧》中的《乞儿行好事皇帝做媒人》说的是：明朝正德年间，有个乞儿穷困却并不担心什么，故人称"穷不怕"。他仗义疏财，多行善事，却贫困交加。在山西太原府时，"穷不怕"几乎饿死街头，太原第一名妓刘氏怜其孤苦伶仃，与他结为兄妹，并以戒指赠他。有一位嫖客甚喜刘氏，亦赠以元宝。有了戒指和元宝，"穷不怕"本当吃穿不愁。但当得知一名乡宦要强占保定府高阳县寡妇周氏之女时，他果断地拿出元宝解救周女。那名乡宦认为一个乞丐怎会有元宝？肯定是来路不正。于是和知县相勾结，诬称乞儿劫抢官府钱财，并将"穷不怕"定为死罪。将要问斩之时，正德皇帝亲自过问此案，重新审理后为他平反，将知县削职为民，乡宦当众斩首，原来赠给"穷不怕"元宝的嫖客不是别人正是正德皇帝本人。皇帝微服私访民间，游至太原，住在刘氏家中数月，恰好遇到此事。

"穷不怕"也因做好事而有了后来的一系列回报："穷不怕"不仅没有被斩首，而且因刘氏随皇帝入宫，封为贵妃，"穷不怕"被赐姓为刘，亦成为皇亲国戚。后皇帝又亲自为"穷不怕"做媒，让周氏之女与他结为夫妻。正如李渔在《妻妾败纲常梅香完节操》的结尾所言："可见做好事的原不折本，这叫作'皇天不负苦心人'也。"

可以看出，李渔将儒家的文化观念和仁政的政治观念作为一种指导原则移用到经商上，企图以此来建构新的商人精神和商业伦理。行孝、行仁政、做好事，除了能换来财富以外，还应该在精神上受到褒奖。这样一来，就把道德价值和伦理价值巧妙地转换为一种经济价值，做到财富、道德两兼顾。这也表明了李渔对自己阶级规范的守护。

李渔所处的社会环境使他这样一位多才多思的文人也关注起商人以及商业活动。从身份出发，对儒家"达则兼济天下"理念的向往和追求，对儒家价值体系的确认和尊崇，使李渔这位儒生在创作中有意无意地对儒家的价值观、政治观、道德观进行了移用。这不仅符合其出身，也体现了他对儒家思想的宣扬。

演绎别样情爱模式

"情理兼顾"既横贯于李渔作品的内在架构，又集中地体现了他的情理观。而李渔的女性观则是建立在"变通"的思想基础之上，既有陈腐的一面，又有进步的一面，呈现出复杂的特质。

《连城璧》《十二楼》创作出版约在顺治后期到康熙初年，其内容基本上承续了宋元话本到明拟话本的套路，写市井百态，叙人情冷暖，涉猎较广，但大宗仍是情爱和婚恋，此类题材的作品竟占了三分之二，在比例上远远超出了"三言""二拍"。这些作品中折射出李渔的情爱观、女性观。

明朝初年，在思想文化方面，大力提倡程朱理学，实行了八股取士的制度，在对一些文人进行笼络、利用的同时，也采取了极为严厉的高压政策，因之思想文化界呈现出一派沉闷压抑的气氛。明中叶以后，皇权高度集中，宦官专权、党争激烈。政治上的混乱伴随着商业经济的发展，城市的繁荣，风俗的变化，使统治集团逐渐放松了政治思想的控制。于是，思想文化界开始活跃起来，其活跃的重要契机便是思想家王阳明提倡的心学的兴起。王阳明提出"我心之良知，无有不自知者"，并认为"心者，天地万物之主也"，"心外无理，心外无事，心外无物"，这些提法在客观上突出了人在道德实践中的主观能动性，在当时的历史条件下，它是有利于人的自我意识的觉醒的。与心学有相通之处的禅宗在此期间亦向文人阶层广泛渗透。禅宗强调本心是道，本心即佛，其他一切都是虚妄的，乃至佛祖、经义也是"屎窖子"，洋溢着一种叛逆的勇气和张扬个性的精神。王学与禅宗强调的"本心"，只是一颗远离情欲、只存天理之心。王阳明说："此心纯是天理"，"去人欲，存天理，方是工夫"。

思想上的启迪，澄明了人心，亦使人压抑的隐藏的七情六欲得以膨胀，故不少文学家、思想家不顾天理而求世俗爱好的个人情欲。李贽、汤显祖、袁宏道便是其中很有代表性的人物。李贽言："私者人之心也，人必有私而后其心乃见。"他提倡顺从人的个性和满足人的欲望。而汤显祖与袁宏道等则进一步将包括情欲在内的追求现世享受的"情"与"理"相对立，提出了"世总为情""情有者理必无，理有者情必无"的命题，极力宣扬"情"的解放，甚至提出了"至情"论。认为世间之事，非理所能尽释，但一定都伴随着情感的旋律，有情人生的最高境界是"至情"，而汤显祖的代表作《牡丹亭》就最充分地演绎了"至情"。汤显祖在《牡丹亭》的《题词》中便云："情不知所起，一往而深。生者可以死，死者可以生。生而不可与死，死而不可复生者，皆非情之至也。"这种贯通于生死虚实之间，如影随形的"至情"，呼唤着精神的自由与个性的解放。因而明代中叶以后，在文士中出现了一批因适性顺情而"放诞不羁，每出于名教之外"的"狂士"。袁宏道在《与龚惟长先生书》中就公开宣扬追求人间的真乐乃是"目极世间之色，耳极世间之声，身极世间之鲜，口极世间之谭"，"妓妾数人，游闲数人"，乃至寻欢作乐到"朝不谋夕""恬不知耻"的地步。

与此同时，在社会上自然就兴起了一股高扬个性和肯定人欲的思潮。这种肯定世俗人欲，肯定"好货""好色"的潮流，将文人学士引向写"时俗"、写"物欲"、写"性爱"。因之，就出现了以《金瓶梅》，为代表的世情小说及大量色情小说。特别是《金瓶梅》对人性的过分张扬、人欲的过度膨胀之后所带来的悲剧性结局作了血淋淋的展演。至晚明，国事艰难，强调经世致用的实学思潮勃兴，在文学创作方面要求关心国计民生，有益世道人心的呼声越来越高，文学的劝善惩恶的教化功能随之有所上升，出现了《型世言》一类的劝惩作品。主张文学作品要克制"情""欲"，回归"理""礼"。

清前期的理欲观，在批判宋明理学理欲割裂的禁欲主义基础上，充分阐述了理、欲的相互联系，并把理欲与情理相互结合起来，高扬了个性解放的人文精神。生活在明末清初的李渔受社会大的思潮的影响，在文学作品中特别是他的戏曲小说中力求既不失对"情""欲"的肯定，尊重人的个性的张扬，又要宣扬"理""礼"，他于是提出了"道学风流合而为一"，将二者极力融为一体。他在《慎鸾交》中云："名教之中不无乐地，闲情之内也尽有天机，毕竟要使道学、风流合而为一，方才算得个学士文人。"李渔短篇小说在写爱情、婚姻时，也极力按照预设的"情""理"合一的目标谋篇布局，形成特有的叙写模式。

李渔在短篇小说中既叙写了异性之恋，又写到同性之恋。在异性恋中，作者很注重爱情的表现形式，值得我们关注，大致而言有下列几种。

第一种是"生生死死遂人愿"。这种爱情形式的代表作是《连城璧》卷首的《谭楚玉戏里传情刘藐姑曲终死节》。故事中的刘藐姑不畏权势的压制和金钱的诱惑，坚持选择同班学戏的一介书生谭楚玉，双双跳入水中以死殉情。他们的生死之爱感天动地，二人被渔翁救起，在渔翁的资助下，谭楚玉中举做官。后来谭楚玉羡慕渔翁的自由自在的生活，便辞官与刘藐姑一同归隐山林，享其终年。这个生生死死的恋爱故事，既重在"戏里传情"，以戏写情，同时又不忘"曲终死节"，以节感人。"情"和"节"在这里都得到充分的体现，这从该小说的题名上看得非常清楚。

第二种为"影儿里情郎，画儿中爱宠"。李渔最大的本领在于翻新出奇，总能在传统的爱情模式中写出"新"和"变"来。《十二楼》卷首的《合影楼》便是典型的一例。《合影楼》写的是元代广东曲江县有两位缙绅，一个名叫屠观察，一个名为管提举。二人虽是连襟，但是性情相反。一个是风流才子，一个为道学先生，两家虽然宅第相连，却在后园两座水阁之间砌起墙垣。即便如此，却难以阻隔一天天成长的年轻人情感的交流。有一天，屠观察的儿子珍生在水阁乘凉，忽然发现池水之中有两个容貌相似的影子，他便想到了自己的表姐——管提举的女儿玉娟，于是便对影子低声呼唤："你就是玉娟姐姐么？好一副面容！果然与我一样，为甚么不合在一处做了夫妻？"玉娟听见表弟的话语，看看池中的俊俏男子，不禁为之怦然心动，作为一个少女，初次发生此种事情，她不便用语言回应，便报之一笑。女子的笑容灿如朝阳，开出了爱情之花。从此二人经常隔墙细语，虽然不能当面互表心迹，但流水荷叶却作了传递信息的媒介。长此以往，珍生欲睹玉娟姐姐的容貌却没有机会，便害起相思病来，屠观察便请路公提亲，遭到拒绝，恰巧路公有位螟蛉之女叫锦云，巧的是锦云与珍生为同年同月同日生，路公便萌生了招珍生为婿之意，但珍生心中只有玉娟不愿做路公的女婿。与此同时，玉娟、锦云二位女子也都害起相思病来，路公便设谋，使玉娟、锦云同时嫁与珍生，让三美一齐拜堂，做成了这桩"无双乐事，对半神仙"。

杜濬在《合影楼》文后的评论当中对李渔"影儿里情郎，画儿中爱宠"的创新变通表示赞赏。他说："'影儿里情郎，画儿中爱宠'，此传奇野史中两个绝好题目。作画中爱宠者，不止十部传奇，百回野史，迩来遂成恶套，观者厌之。独有影儿里情郎，自关汉卿出题之后，几五百年，并无一人交卷。不期今日始读异书，但恨出题者不得一见，必于《西厢》之外又增一部填词，不但相思害得稀奇，团圆做得热闹，即捏臂之关目，比传书递柬者更好看十倍也。"杨义在谈及该小说的特异时也说："以合影证姻缘和以离魂表思慕，是我国古典叙事文学中两个极富诗意的幻想。而那些作品的主人公大多是一男一女，以佳人才子历经千辛万苦相团聚为结局，而笠翁却是锦上添花，使二美共嫁一男，三美一齐拜堂，更富喜剧性。"

"二美共嫁一男，三美一齐拜堂"——这虽然出自中国传统小说戏剧的老套，但是作者的高明之处在于，他能摆脱传统模式的影响，以"影子"为媒介，勾起男女之间的相思之情，使相思别具一格，不落俗套。更重要的是作者之所以构设"二女共事一夫"的结局，其目的在于使玉娟、锦云两人的相思都有着落，不致因一方落空而玷污女子的清名，并借此完成了路公的许婚之意。因为在传统观念中女子是不能随便对男子动情的，更不能为此而相思不已，为保住她的名节，就必须安排其以成婚的方式了其心愿，找到归宿。贯穿于其中的仍然是李渔"风流道学两兼擅"的情爱观。这正是李渔的过人之处，正如朱其恭在评李渔的词《春风袅娜》时言："笠翁长者，人但以风流目之，则窥一斑而昧全豹矣。然每于风流处讲道学，故人不觉其腐；不觉其腐，焉得不以风流目之？"

第三种是"有情反作无情"。李渔最懂得爱情的辩证法，往往能从人们摒弃的"无情"中，写出"有情"来。其中的代表作有《十二楼》中的《鹤归楼》，《连城璧》中的《妻妾败纲常梅香完节操》和戏曲《慎鸾交》。《鹤归楼》写的是段玉初和郁子昌两个书生，有幸获得两个绝色女子为妻。正当两对新人在新婚宴尔情意正浓之际，皇帝觉得连自己都无缘享受的绝色佳人，却让段玉初和郁子昌两人得了，于是醋意大发，将段玉初和郁子昌遣往远方。在分别之时郁子昌对妻子情意绵绵，夫妻两个难舍难分；段玉初却对妻子冷言冷语，并且在匾额上题了"鹤归楼"字样，表示很难生还，以绝妻子的念想。等段玉初和郁子昌两人几经周折归来时，郁子昌之妻已因过度思念丈夫而身亡，郁子昌自己也形同老翁；而段玉初之妻，却"胜似当年"。两对夫妻的情形为何有如此大的区别？道理很简单，从表面看，段玉初对妻子甚为绝情，但实际上，这是情之深重的表现，是为保护她而设计的一种权宜之计：看似绝情更有情。这可从下面段玉初的一段话中看得十分清楚——段玉初对郁子昌道：

> 但凡少年女子，最怕的是凄凉，最喜的是热闹。只除非丈夫死了，没得思量，方才情愿守寡。若叫他没原没故，做个熬孤守寡之人，少不得熬上几年定要郁郁而死。我和他两个平日甚是绸缪，不得已而相别。若还在临行之际又做些情态出来，使他念念不忘，把颠鸾倒凤之情形诸梦寐，这分明是一剂毒药，要逼他早赴黄泉。万一有个生还之日，要与他重做夫妻，也不能够了。不若寻些事故，与他争闹一场，假做无情，悻悻而别，他自然冷了念头，不想从前的好处，那些凄凉日子就容易过了。古人云："置之死地而后生"，我顿挫他的去处，正为要全活他。

这种"有情反作无情"的表现形式，杜濬在《鹤归楼》的篇末有极为精到的评点："此一楼也，用意最深，取径最曲，是千古钟情之变体。"所谓"变体"正乃对传统写法的有意打破，乍看出人意料之外，细想又在情理之中。"情"之一字，在这里被演绎得淋漓尽致。

"有情反作无情"的另一典型代表作是《妻妾败纲常梅香完节操》。该小说写的是明朝嘉靖、万历之间，江西的一个秀才马麟如，娶了一妻一妾，并收了丫鬟碧莲作通房。一日患病，马麟如以为自己将不久于人世，遂将妻妾及通房丫头都唤至面前，问她们三人在自己百年之后作何打算，妻妾信誓旦旦，言必守节育孤，丫鬟碧莲却出言不凡，令人大感意外：

> 我的话不消自己答应，方才大娘、二娘都替我说过了，做婢妾的人，比结发夫妻不同，只有守寡的妻妾，没有守寡的梅香。若是孤儿没人照管，要我抚养他成人，替相公延一条血脉，我自然不该去。如今大娘也要守他，二娘也要守他，他的母亲多不过，哪希罕我这个养娘。若是相公百年以后，没人替你守节，或者要我做个看家狗，逢时遇节，烧一分纸钱与你，我也不该去。如今大娘也要守寡，二娘也要守寡，马家有什么大风水，一时就出得三个节妇。如今但凭二位主母，要留我在家服侍，我也不想出门；若还愁吃饭的多，要打发我去，我也不敢赖在家中。总来做丫环的人，没有什么关

系，失节也无损于己，守节也无益于人，只好听其
自然罢了。

然而事有凑巧，马麟如大病不死，竟活了过来，对碧莲
的"绝情"之言愤愤不已，日渐疏远了她。不久，马麟如远
赴他乡行医。后家人接到误报，以为马客死异乡，马麟如
的妻妾先后改嫁，只有碧莲不仅筹资运回主人的假尸骨（误
认为这就是主人的尸骨），而且坚守马家，养孤育孤。岂料
马麟如归来，见碧莲之忠贞，深为感动，而碧莲却无一丝骄
色，反而劝马麟如将妻妾赎回，共享富贵。碧莲道：

　　亏你是个读书人，话中的意思都参详不出。我
当初的言语，是见他们轻薄我，我气不过，说来讥
诮他们的，怎么当做真话？他们一个说，结发夫妻
与婢妾不同；一个说，只有守寡的妻妾，没有守寡
的梅香。分明见得他们是节妇，我是随波逐浪的人
了；分明见得节妇只许他们做，不容我手下人僭位
的了。我若与他们一样，把牙齿咬断铁钉，莫说他
们不信，连你也说是虚言。我没奈何只得把几句
绵里藏针的话，一来讥讽他们，二来暗藏自己的心
事，要你把我做个防凶备吉之人。我原说，若还孤
儿没人照管，要我抚养成人，我自然不去。如今生
他的也嫁了，做小的也嫁了，当初母亲多不过，如

今半个也没有，我如何不替你抚养？我又说，你百年以后，若还没有人守节，要我烧钱化纸，我自然不去。如今做大的也嫁了，做小的也嫁了，当初你家风水好，未死之先，一连就出两个节妇；后来风水坏了，才听得一个死信，把两个节妇一起遣出大门，弄得有墓无人扫，有屋无人住，我如何不替你看家？这都是你家门不幸，使妻妾之言不验，把梅香的言语倒反验了。如今虽有守寡的梅香，不见守寡的妻妾，到底是桩反事，不可谓之吉祥。还劝你赎他们转来，同享富贵，待你百年以后，使大家践了前言，方才是个正理。

丫鬟碧莲对马麟如感情之真挚，令马麟如极为感动，他不但未赎妻妾，而且扶碧莲为妻，再不他娶。

碧莲起初在马麟如生病时所说的话初听起来无情，可她后来做的一系列事情却表现了她的有贞有节有义。在文末，杜濬评道："碧莲守节，虽是梅香的奇事，尤可敬者，是在丈夫面前，以淫污自处，而以贞节让人。"真是"有情反作无情"，"无情"最为"有情"。"情"和"贞"在有情和无情的辩证关系中得到充分的体现，如前所述，情贞合一，既是这些小说的精神架构，又是作者情爱观的流露。

李渔是一位性情中人，具有很高的才情和悟性，他灵动机敏，在作品中注重挖掘和表现女性的主动性。对于女性，他看中的不仅仅是貌，还有才；对男性，他看中的不仅仅是才，还有貌。主人公更加接近生活，不再是高高在上的帝王将相，即便是帝王将相，他们的形象也更加接近民众，更加世俗化。他们更注重世俗的、当下的享受。

变通贞节观

贞节对部分女性来说，不仅是一种道德规范，还是一种人生价值。贞节是封建伦理对女性的（而不是对男性的）特殊要求，它包括婚前的守护贞操和婚后的为夫守节。对此，不同历史阶段的具体观念有不同的发展变化。

明中期以后，随着商品经济的发展和人们观念的变化，民间社会的婚姻状况也发生了明显变化。婚姻类型上，寡妇改嫁婚、入赘婚、服役婚等非常态婚姻大量出现。这种婚姻状况折射出明代中后期社会风尚的变化及传统社会等级结构的松动。

明代"经济的发展、统治者控制力的弱化，以及主体意识形态的变化，使风尚的变化成为可能"，无论是学者哲人，还是平头百姓，都有重新审视贞节这一伦理原则的趋向和意愿。李渔对贞节有自己独到的看法，他不仅固守传统的贞节观，如前文已举到的例子《妻妾败纲常梅香完节操》中的"完节操"一节。但李渔在作品中也对传统的贞节观有所变通，并没有让女子一味地死守。

例如在《落祸坑智完节操借仇口巧播声名》《奉先楼》这两部短篇小说中就用变通的方式处理贞节问题。《奉先楼》讲的是：穷秀才舒某所在的县将被乱军攻占，但舒秀才的儿子尚在襁褓之中，舒娘子和幼子无法跟他一起逃命。舒秀才经过激烈的思想斗争允许妻子在被乱军掠去后忍辱偷生，只求能抚育幼子成人，以保全舒家七世单传的一线血脉。舒娘子后来果然被掳，直到数年之后，夫妇重逢，此时舒娘子已委身一位将军，舒秀才的儿子也已经长大成人。见到前夫，舒娘子自念无颜以一身事二夫，将儿子交还给舒秀才后便欲寻死，却被现在的丈夫——将军救下。二人之情义感动将军，将军忍痛割爱，将舒娘子交还给舒秀才，舒秀才一家人得以团聚。从这个故事中我们可以看到，贞节对女子来说虽然很重要，但是存孤事大，为了存孤在贞节问题上是可以变通的。

李渔在《连城璧》和《十二楼》中反映了他复杂的贞节观。首先，他既赞同男女的婚姻自主，却又以"红颜薄命"的古训为说辞来安顿女子之心，以求得婚姻的稳定。

如《谭楚玉戏里传情刘藐姑曲终死节》中的刘藐姑为了

爱情不惜赴水殉情,《拂云楼》中的能红、《夏宜楼》中的娴娴等,都是争取男女婚姻自主的代表人物。但同时李渔也认为女子应该遵从命运的安排,安守"红颜薄命"的古训。如在《美妇同遭花烛冤村郎偏享温柔福》中,李渔感叹道"非红颜者薄命,而当薄命者罚做红颜",并进一步说道:古来"红颜薄命"四个字,已说尽了。只是这四个字也要解得明白,不是因他有了红颜,然后才薄命;只为他应该薄命,所以才罚做红颜。但凡生出个红颜妇人来,就是薄命之坯了,哪里还有好丈夫到他嫁,好福分到他享。

那么,女子如何做才能逃脱"红颜薄命"的命运呢?李渔在小说中教给所有女子一个妙方:

> 我如今又有个消哑子愁、医终身病的法子,传与世上佳人,大家都要紧记。这个法子不用别的东西,就用"红颜薄命"这一句话做个四字金丹。但凡妇人家生到十二三岁的时节,自己把镜子照一照,若还眼大眉粗,发黄肌黑,这就是第一种恭喜之兆了,将来决有十全的丈夫,不消去占卜;若有二三分姿色,还有七八分的丈夫可求;若有五六分的姿色,就只好三四分的丈夫了;万一姿色到了七分八分、九分十分,又有些聪明才技,就要晓得是个薄命之坯,只管打点去嫁第一等、第一名的愚丑

丈夫，时时刻刻以此为念。看见才貌俱全的男子，晓得不是自己的对头，眼睛不消偷觑，心上不消妄想，预先这等磨炼起来。及至嫁到第一等、第一名的愚丑丈夫，只当逢其故主，自然贴意安心，那阎罗王的极刑自然受不着了。若还侥幸嫁着第二三等、第四五名的愚丑丈夫，就是出于望外，不但不怨恨，还要欢喜起来了。人人都用这个法子，自然心安意遂，宜室宜家，哑子愁也不生，终身病也不害，没有死路，只有生门，这"红颜薄命"的一句话，岂不是四字金丹。

从小说中可以看出李渔认为女子只有认同"红颜薄命"的古训，安分守己，才能保持心态的平衡，婚姻的稳定。

在文明正常的人情人性和社会伦理框架中，妇道的从一而终和爱情的坚贞不渝是可以统一的，正如恩格斯所说："如果说只有以爱情为基础的婚姻才合乎道德，那么也只有继续保持爱情的婚姻才合乎道德。"然而宋明理学的女性贞节观念则认为，无论何种情况下，女性只有维持旧有婚约才是道德的。只要她的丈夫不休弃她，她就只有守护贞节的义务，没有背叛婚姻的权利。守节者就至少有两种类别：其一是有情而守节，为情而守；其二是无情而守节，为理而守。李渔的女性贞节观在贞节以外，找到了更丰富的女性理想和女性价值。

李渔认为对一个女子而言，贞节固然重要，但更重要的是才能和容貌。"吾谓'才德'二字，原不相妨，有才之女，未必人人败行；贪淫之妇，何尝历历知书？但须为之夫者，既有怜才之心，兼有驭才之术耳。"在《美妇同遭花烛冤村郎偏享温柔福》中，通过三个女性各自不同的特点，对女子才貌问题作了专门探讨。邹小姐之才让人叹服，何小姐之貌令人惊赞。李渔描述何小姐"至于哭声，虽然激烈，却没有一毫破笛之声。满面都是啼痕，又洗不去一丝粉迹。种种愁容苦态，都是画中的妖媚，诗里的轻盈。无心中露出来的，就是有心也做不出"。对此，睡乡祭酒评曰："我见犹怜，何况丑奴。"邹小姐之才虽然已经数一数二，但吴氏更胜一筹，才过邹小姐，貌盖何小姐，因而最让李渔赞佩。又如《落祸坑智完节操借仇口巧播声名》中的耿二娘，"生来体态端庄，风姿绰约，自不必说，却又聪慧异常"。既具才，又有貌，因而受到李渔的高度赞扬，对其大书特书。谢肇淛认为："妇人以色举者也，而慧次之，文采不章，几于木偶矣。"晚明一些士人已将"女之色"与"士之才"并称。

李渔对才女的推崇当与明清时才女文化的高涨以及受教育女子的增加有关。明清才女文化的高涨不但为男女两性之间进行精神交流提供了更多的机会，也对提高女性的社会地位在一定程度上起到了积极的推动作用。面对女性文化品位的提高，在当时颇有影响的李贽、冯梦龙、陈继儒等人纷纷提出了肯定女子才智，两性之间应该和谐相处的进步观念。

正因为受到当时才女文化的影响，所以李渔也主张"有色无才，断乎不可"。他不仅在小说中对女子的才能持赞赏态度，而且在实际生活中也持同样的态度，极为赏识有才能的女子。他的家庭戏班中的乔姬和王姬尽管与李渔年龄相差悬殊，但她们的多才多艺赢得了他的赏识，将二人视为红颜知己，在她们生前与之共同探讨艺术，在二人亡后，又写了感人至深的哀悼诗文。

总之，李渔的贞节观是建立在"变通"基础之上的，因而，既有陈腐的一面，又有进步的一面，我们当区别对待。

拓宽教育范围

李渔对教育问题曾发表过不少独到的见解。他的教育言论，散见于诗文、杂著、尺牍之中，虽然只是些点点滴滴的思想片断，却涉及教育观念、教育对象、教材内容以及教学原则与方法诸多方面的问题。

李渔的教育思想贴近生活，注重实用。他把教育对象范围扩大到包括妇人女子在内的"士农工贾、三教九流、百工技艺"等社会各阶层。并且提出了"学技必先学文"的观点，认为学好文是学好技艺的基础。在《闲情偶寄·声容部》，李渔指出：

> 学技必先学文。非曰先难而后易，正欲先易而后难也。天下万事万物，尽有开门之锁钥。锁钥维何？"文理"二字是也。寻常锁钥。一锁止开一门；而"文理"二字之为锁钥，其所管者不止千门万户。盖合天上地下，万国九州，其大至于无外，其小至于无内，一切当行当学之事，无不握其枢纽，而司其出入者也。此论之发，不独为妇人女子，通天下之士农工贾，三教九流，百工技艺，皆当作如是观。……天下技艺无穷，其源头止出一理。明理之人学技，与不明理之人学技，其难易判若天渊，然不读书、不识字何由明理？故学技必先学文。

在中国古代，对女子而言有四德：一曰妇德、二曰妇容、三曰妇言、四曰妇工也。妇德者，清贞廉节，守分整齐，行止有耻，动静有法，此为妇德也。妇容者，洗浣尘垢，衣服鲜洁，沐浴及时，一身无秽，此为妇容也。妇言者，择师而说，不谈非礼，时然后言，人不厌其言，此为妇言也。妇工者，专勤纺织，勿好晕酒，供具甘旨，以奉宾客，此为妇

164

工也。

李渔将他的女子习技与传统的女子三从四德（德、容、言、工）衔接排列，"虽说闲情，无伤大道，是为立言之初意尔"。认为女子以习技为主，"技艺以翰墨为上，丝竹次之，歌舞又次之，女工则其分内事，不必道也"。李渔认为对一名女子而言艺术魅力与女性魅力可相得益彰，学艺可增加女子的身价。

李渔经常运用启发式教学方法来教育身边的人。其具体的做法是：根据不同的对象，调动其日常生活经验和审美经验，发挥教育对象在教学过程中的主观能动性。这种教学方法受益者之一便是沈因伯。沈因伯虽然是李渔的女婿，但他跟随李渔多年，帮李渔经营各种事务，李渔对他而言是半师半友，他还是李渔的好帮手。李渔在日常生活中随时随地引导他、教育他。沈因伯曾讲过岳父李渔教他读书作文的一段故事：

> 予岳父尝谓予曰："汝辈善弈者颇多，善读书者绝少，能以弈棋之法，移而读书，无不可相见之古人，亦无不可见长之文字矣。"予请其故，岳父曰："棋中有眼稍，解拈子者无不知之；古人文字中亦有眼，毕世拈毫者竟未识也。"予复请竟其说。岳父曰："汝但取古书一卷作棋枰，以弈棋之

法读之，久当自得。"予性呆笨，以书代弈者数月，而不得其解。他日取岳父论史读之……因废卷狂笑曰：道在是矣。……弈法可通于书法，诚哉是言也！

从这一段文字可以看出，李渔以棋眼比文眼，以下棋之法通于文法，启发沈因伯自己去领会掌握，因而收到了很好的教育效果。

李渔这位终身致力于俗文化活动的艺术家在正统的官学教育之外拓展出一块平民教育的新天地。他出版的普及性读物《笠翁对韵》以及《闲情偶寄》等对当时人们都起着直接或者间接的教育作用。他的教育思想有着鲜明的平民色彩，平易通俗，注重实用，贴近当时人们的生活，更容易让大家接受。

在注重男子教育的同时，李渔也认同女子在文化教育上的权利。因为李渔认为女子的才智和男子没有什么差别。他在《千古奇闻》序中说"不知天之生人，男女虽殊，识力才猷，秉彝好德，实无殊也"。又在《和鸣集》中言："合天下古今计之，不特才子如林，即才媛亦复辈出，是知人有雌雄，才无牝牡，造物欲予之，非巾帼所能辞，须眉所能独擅也。"这也就不难理解，李渔笔下出现的诸多有才有智的女性形象折射出他男女才智平等的思想意识了。如《意中缘》

中的杨云友、林天素，《怜香伴》中的崔笺云，《夏宜楼》中的娴娴等，都是有才有智女子的代表。

在明清时代，簪缨之家、书香门第，女子读书已蔚然成风，对女性才华的开发被看作是对其未来婚姻的一项重要投资。毛奇龄、袁枚、陈文述等文人还招收女弟子，诸多诗人也由衷地欣赏女性的创作，赞美女性的才华。才女辈出成为明清两代文坛十分引人注目的景观。

李渔也认为女子是可教育可塑造之才。他在《闲情偶寄·声容部》中写道："妇人读书识字，所难只在入门，入门之后，其聪明必过于男子。"在明清时期，人们普遍认为文学教育是妨害女子道德人格的罪魁祸首，"女子无才便是德"的俗谚在明后期以降广为传播，便集中彰显了这种文化生态。李渔却认为"才德原不相妨"，他说："'女子无才便是德'，言虽近理，却非无故而云然。因聪明女子失节者多，不若无才之为贵。盖前人愤激之词，与男子因官得祸，遂以读书作宦为畏途，遗言戒子孙，使之勿读书、勿作宦者等也。此皆见噎废食之说，究竟书可竟弃，仕可尽废乎？吾谓才德二字，原不相妨，有才之女，未必人人败行；贪淫之妇，何尝历历知书？"委婉地回击了封建礼教。在谈到如何教妇人女子读书时李渔说道："妇人读书习字，所难只在入门。……先令识字，字识而后教之书。识字不贵多，每日仅可数字，取其笔画最少、眼前易见者训之，由易而难，由少而多，日积月累，则一年半载以后，不令读书而自解寻章觅句矣。乘其爱看之时，急觅传奇之有情节、小说之无破绽者，听其翻阅，则书非书也，不怒不威而引人登堂入室之明师也。"可以看出，在李渔的眼里，女子的文化修养和艺术品位是可以培养出来的。

不仅如此，李渔还身体力行，在教育儿子将舒、将开、将华、将芳的同时，也没有放松对长女淑昭和次女淑慧的引导。在《千古奇闻》序中说："予课儿之暇，即以课女"，将自己的两个女儿培养成通文墨、能诗词的"才女"。《笠翁余集》卷之八载有李渔与女儿之间唱和之作，并附李渔短记一则，其中云："予二女性耽柔翰，颇有父风，好作诗词，又不屑留稿，如此等词而随作随毁者不知凡几，虽曰女子当然，然亦甚为可惜。"从以上情形可以看出，李渔是赞同女儿们进行文学创作的。此外，乔、王二姬等家班成员也是李渔的教育对象。这些都体现了李渔教育思想中进步的一面。

第8章

美 学 思 想

求 新 尚 奇

明代中后期的风俗以趋新为尚，它依托于发达的消费经济，日益求奇、求变，成为封建时代最具近代色彩的文化形态。在文学领域，主要表现在李渔等有代表性的文学家身上。

"尚奇"就是追求与众不同，追求新变，异于流俗，是对个性的肯定与张扬。"尚奇"之风在中国古代的文学传统中由来已久，从上古的寓言到明清小说，可以找到不少这方面的例证。明清时期"尚奇"的内涵有了新变，关注点有所下移，日常生活进入了创作者的视野，李贽、公安"三袁"、冯梦龙、凌濛初、李渔等人都是践行者。李渔在小说创作和实践过程当中，借鉴戏曲创作中的某些因素（特别是"奇"），形成了独特的审美风格。

李渔非常看重日常生活中的奇人、奇事。李渔提出"贵新"的主张，他所说的新，包括意新、语新、字句新，而意新又是最为重要的。李渔认为意新并不是脱离实际盲目求新，而是要从现实生活中挖掘新意。"所谓意新者，非于寻常闻见之外，别有所闻所见而后谓之新也。即在饮食居处之外，布帛菽粟之间，尽有事之极奇，情之极艳，询诸耳目，则以为习见习闻；考诸诗词，实为罕听罕睹；以此为新，方是词内之新，非《齐谐》志怪、《南华》志诞之所谓新也。"他在《闲情偶寄》中言："场中作文……开卷之初，当以奇句夺目，使之一见而惊，不敢弃去。"在李渔的世界里，"奇"和"新"是不可分割的。李渔在很大程度上把"新"和"奇"相等同，李渔所谓的追求新奇，主要表现为在"家常日用之事"中挖掘追索。他认为日常生活中的新奇之事是挖不尽的。同时他提出"变旧成新"的主张。在旧剧新演的问题上要"易以新词、透入世情三昧，虽观旧剧，如阅新篇"。他在小说创作中也贯穿了这一思想。李渔自称"性不喜雷同，好为矫异"，他的小说在体裁与立意上，都刻意追求新奇。美国的埃里克·亨利指出，"李渔强调戏剧须新奇的重要性，是卓尔不群的，他几乎是至清朝为止习惯于设计题材而不是拾取题材的唯一的中国剧作家。"

在创作作品时，李渔总是力争读者的完全赏识。他在《闲情偶寄》凡例中准确地说明了是书内容"皆极新、极异之谈"。他的散文表明他比任何前代作家更了解读者。甚至在当时，他的戏剧就以辩论性和叙述性的讲话之多出了名。李渔的风格既是为适应自己的角色，也为了适应他的读者观众意识，从而使他们更好地理解作品。

李渔的拟话本小说受到广大读者青睐的原因之一，与他小说中情节和内容的奇特有着一定的关联。正如钟夫在评价《十二楼》时所说的："李渔才气横溢，对于小说创作，他也无愧是个真正的行家里手。《十二楼》之所以受人欢迎，首先是故事新奇，情节曲折……结构缜密，脉络清楚，注意细节描绘，是本书的又一特色……语言生动，涉笔成趣，也是作者的见长之处。李渔除一贯主张浅显通俗，多用本色语言外，还按情节的需要，在语言的使用上刻意求新。所以我们阅读本书时，不但看不到任何矫揉造作之处，相反会感到隽语频现，趣意盎然。"

但李渔并未以"耳目之外""牛鬼蛇神"之事为奇，而在"耳目之内""日用起居"之中寻找"奇"，演绎"奇"。李渔作品中的人物和事件大多来源于中下阶层，他在日常生活中寻找"新奇"之事来演绎。

一贯求新求变的李渔，在小说集《连城璧》仅有的十二个标题中，居然用了两个"奇"字。其中卷六是《遭风遇盗致奇赢让本还财成巨富》，卷十二是《女子守贞来异谤朋侪相谑致奇冤》，一个"奇赢"，一个"奇冤"，见出李渔对"奇"的钟爱和宣扬。在题材的选择和表现中，李渔更是喜作翻案文章，或写清官之误甚于贪官，或将同性恋视为三纲的异常方式等等，处处显示出他那种和而不同的机巧。

李渔的小说无论是写爱情，写友情或是写亲情，其创作手法之别致，令人叹服。如他写爱情，能够做到不蹈袭前人，而是另辟蹊径，让男女主人公或对着池中之影谈情说爱，如《合影楼》；或在舞台上假戏真唱，在对唱中传情达意，如《谭楚玉戏里传情刘藐姑曲终死节》；或是借助新奇之物——千里镜来促成姻缘，如《夏宜楼》，等等，其构思之新奇、大胆，真让人匪夷所思。就写友情而言，《闻过楼》中的顾呆叟本意隐居，便搬到山中，却有人上门拉他的官差，他只好离了山居，搬到乡间，不久却遇强盗，后又被告知惹上了官司。真是祸难迭起，且一次比一次凶险，一次较一次令人胆寒，顾呆叟惶惶不可终日，哪料，屡次致险却是友人的计谋，以使之居于半村半郭之间，好经常谋面相叙。写亲情更为奇特。先来看他写父子之情的小说，在《生我楼》中，尹小楼为寻子居然甘愿卖自己，而且要卖为人父，真是奇特的构思，而后买尹小楼为父的居然是他失散多年的儿子姚继，姚继所买之妪却为其亲母，所买之女子竟为其未婚妻，真是巧合之极，奇特之极，任凭读者怎么想，也不会料到小说的结局却是子归其家，合家团聚。

而李渔写夫妻之情，不仅情节奇特而且对夫妻离别自有其独特之见解。在《慎鸾交》和《鹤归楼》中李渔便说出"有情反作无情"的别样见解。离别，无论是文人墨客抑或下里巴人，都认为是一件苦事，单单无一"乐"字，而李渔却能写出乐来。李渔让主人公段玉初故意用薄情之语、伤心之话，绝了妻子的念想，冷了妻子的热情，让妻子本为遥遥无期的等待、独上高楼的思念反成了任庭前花开花落的坦然。段玉初归家时，妻子之姿容仪态反胜似当年。李渔是用"乐"来作为疗救别离之苦的特效药，"绝情""无义"实际是为了日后长久的恩爱幸福。

正因为李渔在小说中过度追求新奇，故部分研究者对其评价不高，其实我们恰恰忽略了他也提出了"传奇妙在入情"的观点。李渔在《香草亭传奇》序中曾说："幻无情为有情，既出寻常视听之外，又在人情物理之中，奇莫奇于此矣。"追求新奇是李渔的创作主张之一，他的短篇小说的一大特色就是奇特有新意。然而"奇"如果一旦失度，就变为

"离奇"，所以，李渔又提出"入情"观，以矫正"奇"的任意发展。李渔言："世道迁移，人心非旧，当日有当日之情态，今日有今日之情态，传奇妙在入情，即使作者至今未死，亦当与世迁移，自转其舌，必不为缪柱鼓瑟之谈，以拂听者之耳。"李渔曾在《与陈学山少宰》中云自己"不效美妇一颦，不拾名流一唾。当世耳目，为我一新……"包璿在《李先生〈一家言全集〉叙》中说李渔不仅"极人情之变"，而且"极文情之变"，言其不墨守陈规。

李渔的作品各有特色，他运用新奇的材料，借助奇特的情节，构成其作品中独特的奇趣。这些奇趣看似在情理之外，却又在情理之中，让读者有新奇的感受却不过度，富有极强的吸引力。虽然李渔一生未曾入仕，而且终年托钵，卖文为生，但在内心深处李渔还是坚守着儒者的阵地，效忠于儒者的群体。可以看出，李渔对儒家的价值观念和审美标准并没有完全否定，还是呈现给人们好人有好报，历尽千辛万苦总能合家团聚、有情人终成眷属的美好画面。

李渔的别出新意，不仅体现在小说中，其戏曲亦彰显了这一特点。樗道人在为《巧团圆》作序时说："笠翁之著述愈出而愈奇，笠翁之心思愈变而愈巧。读至《巧团圆》一剧，而事之奇观止矣，文章之巧亦观止矣。笔笔性灵，言言精髓。吐人不能吐之句，用人不敢用之字，摹人欲摹而摹不出之情，绘人争绘而不工之态状。"

无论是对"奇"的追求，抑或是对"奇"的演绎，李渔力求让读者在一种轻松愉悦的氛围中，净化心灵，提升审美意识。这使李渔的短篇小说有别于他人，而篇篇新异让他成为拟话本小说继冯梦龙、凌濛初之后的又一座里程碑。

关 注 日 常

作为一位文化领域的多面手，李渔在创作中彰显日常生活的魅力，将日常生活予以审美化阐释。明清时期的文人李贽、公安"三袁"、冯梦龙、凌濛初、李渔等人关注点有所下移，日常生活成了一种审美常态。李渔对日常生活的关注，可以说是受到社会的影响。

从审美意识的发展历史来看，日常生活中的审美化问题从很早就开始了。中国日常生活中的审美化问题可以追溯到新石器时代。孔子对"冠者五六人，童子六七人"，"浴乎沂，风乎舞雩，咏而归"的人生境界的向往，《庄子》中所提及的"庖丁解牛"，朱光潜等人提出的"人生艺术化"的追求，都是日常生活中的审美体验。但是群体主动关注日常生活，并将日常生活作为主要创作素材来源的是明清时期的文人。

明清时期，社会的变迁、经济的发展、文人的审美情趣也发生了较大变化。李泽厚认为明代出现了对日常生活的审美。他在言及"三言""二拍"为代表的拟话本小说时云："多种多样的人物、故事、情节都被揭示展览出来，尽管它们像汉代浮雕似的那样薄而浅，然而它所呈现给人们的，却已不是粗线条勾勒的神人同一、叫人膜拜的古典世界，而是有现实人情味的世俗日常生活了。对人情世俗的津津玩味，对荣华富贵的钦慕渴望，对性的解放的企望欲求，对'公案'、神怪的广泛兴趣……""尽管这里充满了小市民种种庸俗、低级、浅薄无聊，尽管这远不及上层文人士大夫艺术趣味那么高级、纯粹和优雅，但它们倒是有生命活力的新生意识，是对长期封建王国和儒学正统的侵袭破坏。它们有如《十日谈》之类的作品出现于欧洲文艺复兴时代一样。"

生活在李渔稍前的几位文人学士，都不约而同地认同对日常生活的审美，并且付诸实践。明代的李贽便极为重视"童心"，反对一切虚伪、矫饰。对被认为是"不登大雅之堂"的《西厢记》《水浒传》等所谓的通俗文学大加推崇，他言"诗何必古选，文何必先秦，降而为六朝，变而为近体，又变而为传奇，变而为院本，为杂剧，为'西厢'曲，为'水浒'传，为今之举子业，皆古今至文，不可得而时势先后论也。故吾因是而有感于童心者之自文也，更说什么六

176

经，更说什么《语》《孟》乎"。李贽撇开当时盛行的伪古典摹习之风，转而评点流传在市井之间的各种小说、戏曲，其后的金圣叹、李渔等人评点小说也与他的影响不无关系。不仅如此，李贽还认为正统思想是有它的虚伪性的，而市民们反而率真。他言："种种日用，皆为自己身家计虑，无一厘为人谋者，及乎开口谈学，便说尔为自己，我为他人，尔为自私，我欲利他……翻思此时，反不如市井小夫，身履是事，口便说是事，做生意者但说生意，力田作者但说力田，凿凿有味，真有德之言，令人听之忘厌倦矣。"表明李贽对传统思想的背离，与此同时他的关注点开始转向下层，转向大众，而不是精英群体。

李贽之后的公安派的三袁兄弟的思想理论和文学实践直接受李贽的影响，他们在作品中也描述日常，直抒胸臆，反对做作，平易近人。他们主张"独抒性灵，不拘格套，非从自己胸臆流出，不肯下笔"。归有光的抒情散文，以对家庭日常细节的朴实无华的描写而打动人们。唐寅以其风流解元的文艺全才，更明显地体现那个浪漫时代的心意，那种要求自由地表达愿望、抒发情感、描写和肯定日常世俗生活的近代呼声。

冯梦龙在叙述他编撰"三言"的良苦用心时说："六经国史而外，凡著述皆小说也。而尚理或病于艰深，修辞或伤于藻绘，则不足以触里耳而振恒心。此《醒世恒言》四十种所以继《明言》《通言》而刻也。明者，取其可以导愚也；通者，取其可以适俗也。恒则习之而不厌，传之而可久，三刻殊名，其义一耳。"冯梦龙言："《明言》《通言》《恒言》为六经国史之辅不亦可乎?"他将"三言"提高到六经之辅的高度，因为冯梦龙深知他的通俗小说的最大的读者群体是大众、是常人。"所谓常人，是指那些天真朴素，没有受过艺术教育与理论，却也没有文艺上任何主义及学说的成见的普通人。他们是古今一切文艺的最广大的读者和观众。文艺创作家往往虽看不起他们，但他自己的作品之能传布与保存还靠这无名的大众。"故在创作时要考虑到市民的接受能力和兴趣点，多表现他们身边的事，做到"导愚""适俗"。

拟话本小说相较于文言小说，不仅在语言的表述上更为通俗，而且在题材的选取上更接近于大众的生活，主人公的身份也更为接近大众，这样就更易于为大众接受。李渔的作品，通过对日常生活审美化处理既满足了文人的需求，又为下层读者提供娱乐，使他赢得了更广大的读者。

在商业化的戏曲运行机制中，观众所好必然规定、引导着传奇戏曲的创作趋向，李渔敏锐地捕捉到了剧场观众喜新尚奇的观赏心理，认为传奇就应新人耳目。他说："古人呼剧本为'传奇'者，因其事甚奇特，未经人见而传之，是以得名，可见非奇不传，新即奇之别名也，若此等情节业已见之戏场。"李渔不仅是从字面及戏曲文体特征上去把握传奇性的，更是从观众的观剧心理，从剧本的销路，从自身创作才华的显露去把握它的。

李渔的作品更为关注中下层人们的生活，叙写他们的期望和感受，表达他们的喜、怒、哀、乐，这些构成他作品中对日常生活的一种审美态度。

李渔对日常生活的审美处理，首先表现在题材和人物的选取上。李渔作品中的人物和事件大多来源于中下阶层，不再是帝王将相、国家大事，而是仿佛发生在邻里之间的事件，仿佛人物就是邻居家的后生、姑娘、大伯、大婶。如《夺锦楼》写的是一户人家有两个女儿，生得貌美异常，父亲钱小江是一鱼行经纪，性情倔强，母亲泼悍。父母亲感情不和，对于女儿的婚事，他们各不相谋，与人单独接洽，分别为女儿应承了婚事。这样一来，两个女儿各许两家，四家抢两个女儿，争持不下，不得已上了县衙。刑尊老爷怜惜两个女子的美貌，不忍她们落入不堪者之手，判两女子另择佳偶，并且亲自为两人择婿，最终，两女子共嫁一有才有貌的男子。本是寻常人家的女子，本是女子要嫁，男子要娶，平常不过的事情，李渔却将这件事情铺写得异常生动。

对日常生活的审美处理还表现在李渔短篇小说的叙事结

构上。李渔在短篇小说创作时，力求线索明晰，易于读者接受。每一文本都有与自己相适应的读者群，这是由阅读兴趣、审美能力、接受程度、鉴赏水准不同的读者构成的阅读共同体。话本小说的接受主体的社会分布面虽然很广，队伍庞大，人数众多，然其主要读者群体是市民阶层，李渔的作品也不例外。由于市民中的大多数人未受过系统的教育，虽对文化的欲望高于农民，但文化的品位又大大地低于士人阶层。小说特别是短篇小说，既易懂又不要求欣赏者有太高的欣赏能力，而且其内容涉及古今历史、天文地理、世态人情诸多方面，内容广泛，较能满足市民阶层的求知欲，所以，小说与市民有天然的不解之缘，其投射市民阶层的心理与趣味，是不言而喻的。拟话本的作用也便定位在宣泄与娱乐，而这也与小说的最初功能是一致的。鲁迅曾言："人在劳动时，既用歌吟以自娱，借它忘却劳苦了。则到休息时，亦必要学一种事情以消遣闲暇。这种事情，就是彼此谈论故事，而这谈论故事，正就是小说的起源。"考虑到市民阶层的接受能力，李渔在创作小说时，便特别重视小说的结构和立意，他力求从读者容易接受的角度谋篇布局。

简 洁 之 美

为便于读者接受、理解，使作品赢得更大的市场，李渔认为作品应该有简洁美，他提出了"头绪忌繁"的观点，并提出了"一人一事"的创作主张。他曾云："头绪繁多，传奇之大病也。《荆》《刘》《拜》《杀》（即《荆钗记》《刘知远》《拜月亭》《杀狗记》）之得传于后，止为一线到底，并无旁见侧出之情。三尺童观演此剧，皆能了了于心，便便于口，以其始终无二事，贯穿只一人也。"李渔认为人多事多，关目亦多，势必使观者如入山阴道中，应接不暇，反而淹没了主要人物和主要情节，冲淡了主题思想。李渔在《闲情偶寄·词曲部》中有"立主脑"一说。他言："古人作文一篇，定有一篇之主脑。主脑非他，即作者立言之本意也。传奇亦然，一本戏中有无数人名，究竟俱属陪宾，原其初心，止为一人而设。即此一人之身，自始至终，离合悲欢，中具无限情由，无穷关目，究竟俱属衍文，原其初心，又止为一事而设。此一人一事，即作传奇之主脑也。""如一部《琵琶》，止为蔡伯喈一人，而蔡伯喈一人又止为'重婚牛府'一事，其余枝节，皆从此一事而生。二亲之遭凶，五娘之尽孝，拐儿之骗财匿书，张大公之疏财仗义，皆由于此。是'重婚牛府'四字，即作《琵琶记》之主脑也。一部《西厢》，止为张君瑞一人，而张君瑞一人又止为白马解围一事，其余枝节皆从此一事而生……夫人之许婚，张生之望配，红娘之勇于合作，莺莺之敢于失身，与郑恒之力争原配而不得，皆由于此。是'白马解围'四字，即作《西厢记》之主脑也。余剧皆然，不能悉指。"

虽然李渔认为蔡伯喈、张君瑞分别是《琵琶记》《西厢记》中的决定性人物，蔡伯喈的"重婚牛府"、张君瑞的"白马解围"在剧中均是起决定作用的主干情节，而这"一人一事"即是剧中的"主脑"有其理解上的偏颇，但李渔的初衷是从受众易于接受处着眼的，毕竟李渔创作的是通俗文学，其读者群体是以市民阶层为主的。与巴赫金的复调理论相较而言，李渔的一人一事论亦有其合理之处。诚如李渔所言："后人作传奇，但知为一人而作，不知为一事而作。尽此一人所行之事，出节铺陈，有如散金碎玉。以作零觊则可，谓之全木，则如断线之珠，无梁之屋，作者茫然无绪，观者寂然无声，无怪乎有识梨园望而却走也。"李渔在此虽为论传奇创作之法，其实其小说创作何尝不是按此法？

李渔在创作戏曲小说时也践行了他的重视结构单纯、主线明确的创作指导思想，他对简洁美的追求也与他对读者层的定位有关。其小说或长或短，大都中心事件非常突出，一线贯通，很少枝蔓。如在《连城璧》的《吃新醋正室蒙冤续旧欢家堂和事》中，紧紧围绕如何惩罚妒妇，妒妇最终悔过自新展开。小说讲的是万历年间南京富室韩一卿娶妻杨氏、妾陈氏。身为妾的陈氏却嫉妒大妇杨氏，盼杨氏早死好继其位。后来杨氏患风疾，成为癞子，丑陋不堪。陈氏还不肯善罢甘休，非要置杨氏于死地不可，迫使杨氏服毒药。结果杨氏服毒之后不仅没有死反而因以毒攻毒治好了风疾，更加美貌动人。陈氏再度设计毒害杨氏，遭到报应，反而身染恶疾。杨氏乃得平安享福。《连城璧》还有一篇《落祸坑智完节操借仇口巧播声名》，这篇故事说的是崇祯年间陕西武功县有位民妇叫耿二娘，她多才多智，生活中的很多难题，她都能迎刃而解，人称女陈平。小说罗列了很多事例来说明她的聪明伶俐，最为突出的事情是作为一名很少出家门的女子，她却能连续施展七个妙计，不仅保全了贞节回到家中，而且成为巨富。

李渔力求让读者在一种轻松愉悦的氛围中净化心灵，提升对日常生活的审美意识。这使得李渔更为贴近民众，深受读者喜爱，成为俗文化领域有较大影响的人物之一。

喜 剧 手 法

通俗小说的产生与发展，从本质上说与市民的娱乐需求是分不开的。对清代小说家来说，娱乐则不仅仅是小说取悦听众的社会功能，同时也是他们自我遣兴逞才的方式。说到底，他们从事小说创作是在失去了诗文的经典写作和淡化了历史的意识后的一种良心游戏。而对市民的陌生，也使他们更多地依托内心深处的创作冲动，在精神领域展开幻想的翅膀，作轻松自在的游历和探险。李渔小说虚化现实，消弭冲突，致力于创造一种欢畅风趣的轻松喜剧气氛，就是这种新的娱乐风格的典型体现。

李渔认为传奇"必传与否，则在三事：曰情，曰文，曰有裨风教。情事不奇不传，文词不警拔不传；情事具备，而不归乎正道，无益于劝惩，使观者听者哑然一笑而遂己者，亦终不传"。这虽然是就他的戏曲而言的，但他的小说创作也遵循着这一原则。从根本的意义上来说，李渔的小说虽然有着伦理教化的色彩，但其喜剧性却丝毫不取决于这种伦理教化的意图，而根源于嬉笑诙谐的态度。李渔的作品无一是以悲剧结局的，他的作品的喜剧色彩使他赢得了更多的读者。李渔的作品有着鲜明的喜剧化倾向，其主要表现形态为：科诨艺术的穿插，利用误会、巧合等手法制造的不协调性，游离于作品情境之外的游戏心态和大团圆的故事结局，制造出浓郁的喜剧效果。

李渔的《无声戏》与《十二楼》两部短篇小说集能够在清初风行一时与他作品中独特的语言风格有一定的关系。

李渔的作品语言通俗、诙谐，甚至带有一些调侃的机趣。从语言机趣的角度来看，李渔在《闲情偶寄》中主张戏曲语言应"离合悲欢，嬉笑怒骂，无一语一字不带机趣"。他的不少短篇小说，也大都带有这种特色。例如《连城璧》中的《乞儿行好事皇帝做媒人》写义丐时说：

> 明朝正德年间，山东路上，有个知书识字的乞儿，混名叫做"穷不怕"。为人极其古怪，忽而姓张，忽而姓李，没有一定的姓氏；今日在东，明日在西，没有一定的住居；有时戴方巾，穿绸缎，做乞丐之中第一个财主；有时蓬头赤脚，连破衣破帽都没有，做叫花里面第一个穷人。

这一段文字充分体现了李渔喜欢诙谐幽默的特点，读来生动诙谐，机趣盎然，通俗明畅，特色鲜明。

《连城璧》中《妒妻守有夫之寡懦夫还不死之魂》还有一段对男子惧内的描写：

> 世间惧内的男子，动不动怨天恨地，说氤氲

使者配合不均，强硬的丈夫，偏把柔弱的妻子配他；像我这等温柔软款，没有性气的人，正该配个柔弱的妻子，我也不敢犯上，他也不忍凌下，做个上和下睦，妇唱夫随，冠冠冕冕的过他一世，有甚么不妙？他偏不肯如此，定要选个强硬的妇人来欺压我。一日压下一寸来，十日压下一尺来，压到后面，连寸夫尺夫都称不得了，哪里还算得个丈夫？这是惧内之人，说不出的苦楚。

李渔将一位让人感到既可笑又有几分可怜的惧内的"妻管严"推到读者面前，形象鲜明、生动。在这段独白中有意将长度单位中"丈"的词意借用到指称丈夫中的"丈"，通过借用，既贴切人物身份，又诙谐通俗。从中可以看出李渔驾驭语言技能之高，有机趣却又明白易懂。

幽默诙谐的语言使读者爱看喜看，但如果过多地运用这种手法，则有可能沦为一种轻薄和油滑，甚至让人生厌。如《连城璧》中《寡妇设计赘新郎众美齐心夺才子》的一位寡妇的"寻人启事"、《美妇同遭花烛冤村郎偏享温柔福》对有身体缺陷的人的嘲笑等。

此外，李渔在拯救世道人心的同时，更重视作品的娱乐功能，"一夫不笑是吾忧"，以之适合市民读者的欣赏兴趣，让读者在阅读作品时，既能领悟到劝善惩恶的教化内容，又能有轻松愉快的感受。因此，李渔对作品的题材情节、人物、结局都作了特殊处理。一是有意避开那些重大严肃的题材，如社会动乱、民族矛盾等，对人们离散之苦也是用喜剧的手法来写，而多写日常生活中的琐事，或写男女爱情，或写妻妾间的争风吃醋，或写美妇配丑郎，或写商人经商遇险，或写奴仆为主尽忠。人物多为平民百姓，有戏子、妓女、商贩、奴仆、丫鬟、渔翁、乞丐、皂隶、术士、村妇、赌徒等，这些题材虽多为街谈巷议之事，但颇能满足一般市民读者的胃口，激起他们的兴趣。

李渔往往用漫画式的笔法，寥寥数笔即勾勒出富有艺术魅力的人物形象，产生耐人寻味的喜剧效果。如《拂云楼》，裴七郎的前妻封氏，生得"面似退光黑漆，肌生冰裂玄纹。腮边颊上有奇痕，仿佛湘妃泪印。指露几条碧玉，牙开两片乌银。秋波一转更销魂，惊得才郎倒退"。这样一个丑女偏偏到处卖弄妖娆之态："但是人多的去处，就要扭捏扭捏，弄些态度出来，要使人赞好。"在逛西湖时赶上下雨，摔了个四肢朝天，丑态毕露。

李渔对新奇的追求、对日常生活的关注、作品中的简洁之美和喜剧特质，带给读者别样的感受，这也是他的作品能深入人心的缘由之一。

第9章

人 格 论 略

　　作为一介布衣的李渔，在当时是妇孺皆知，而对他的评价却毁誉并存。李渔一生坎坷，几次参加科举考试都未能如愿，在生活的压力和当时社会风气的影响下，他走上了卖文的道路，也因为他四处干谒，而遭到一些人的诟病。李渔是靠自己的才能谋生，虽然他好货好色，经常陷入经济的窘境之中，但他却仍有着良好的心态，褒贬由他，我行我素。

世人评价　毁誉天壤

　　李渔一直是一位有争议的人物，在他生前死后，人们对他的评价不一。有人把他与晚明的李卓吾、陈眉公相提并论，称赞他是韵人、贤人、真义士、医国手，有人则骂他"性龌龊""善逢迎"，斥他为"名教罪人"。孙楷第曾说："短篇小说于清代，除笠翁外，亦更无人。"黄鹤山农在《玉搔头》序中说他"髫岁即著神颖之称，于诗赋文人词罔不优赡，每一振笔，漓滩风雨，倏忽千言。当涂贵游与四方名硕，咸以得交笠翁为快"。芥子园书铺在雍正八年将李渔杂著合成一册刊行时，说："湖上笠翁先生声霏北玉，名重南金，海内文人无不奉为宗匠，鸡林词客孰不视为指南。"孙治当年就称道李渔是"以周柳之制，写屈马之蕴"的有才有德之士，他说："余以为其人嵚崎历落，不可一世。与之周旋，又胡温然善下，退让君子。"明诸生、隐处市寰的胡山（天又）也说："其史司马也，其怨三闾也，其旷漆园也，其高太白也，其谐曼卿也。"都抓住了李渔为人及其作品的本质特征。近代曲学大师吴梅在评论清人戏曲时说："清人戏曲，大抵顺康间以骏公、西堂、又陵、红友为能，而最显者厥惟笠翁。翁所撰述，虽涉俳谐，而排场生动，实为一朝之冠。继之者独有云亭、昉思而已。"把李渔与孔尚任、洪昇并列为清代戏曲名家。

虽然李渔颇有文名，但关于他的记载却不是很多。

《曲海总目提要》卷二十一《一种情》传奇下云：

渔本宦家书史，幼时聪慧，能撰歌词小说，游荡江湖，人以俳优目之。

清康熙间刘廷玑的《在园杂志》卷一载有一条云：

李笠翁（渔）一代词客也。著述甚伙：有《传
奇十种》《闲情偶寄》《无声戏》《肉蒲团》各书，
造意创词皆极尖新。沈宫詹绎堂先生评曰：聪明过
于学问。洵知言也。但所至携红牙一部，尽选秦女
吴娃，未免放诞风流。昔寓京师，颜其旅馆之额
曰：贱者居。有好事者戏颜其对门曰：良者居。盖
笠翁所题本自谦，而谑者则讥所携也。然所辑诗韵
颇佳；其《一家言》所载诗词及《史断》等类，亦
别具手眼。

光绪《兰溪县志》卷五《文学门·李渔传》云：

李渔字谪凡，邑之下李人。童时以五经受知学
使者，补博士弟子员。少壮擅诗古文词，有才子
称。好遨游。自白门移居杭州西湖上，自喜结邻山
水，因号"湖上笠翁"。……性极巧，凡窗牖床榻
服饰器具饮食诸制度，悉出新意；人见之莫不喜悦。
故倾动一时。所交多名流才望，即妇孺亦皆知有李
笠翁。晚年思归，作《归故乡赋》有云："采兰纫
佩兮，观濑引觞。"盖于此有终焉之志也。生平著
述汇为一编，名曰《一家言》。又辑《资治新书》

若干卷，其简首有《慎狱刍言》《详刑末议》数则，为渔所自撰，皆蔼然仁者之言（原注：近贺长龄为采入《皇朝经世文编》，以渔侨居邗上，故贺作渔为江南人。）作诗文甚敏捷，求之可立待以去，而率臆构思不必尽准于古。最著者词曲；其意中亦无所谓高则诚、王实甫也。有《十种曲》盛行于世。当时李卓吾、陈仲醇名最噪，得笠翁为三矣。论者谓近雅则仲醇庶几，谐俗则笠翁为甚云。昔渔尝于下李村间凿渠饮水，环绕里址，至今大得其水利。

《兰溪县志》这篇关于李渔生平最为详细的记载文字，还不到四百字。

李渔的人品向来为人訾议。清代的袁于令说他："性醒醒，善逢迎，（遂）游缙绅间。"蒋瑞藻《花朝生笔记》则云："湖上笠翁李渔，以词曲负盛名，著传奇十余种，纸贵一时。钱虞山、吴梅村诸公，翁然推之。……然其为人，实狷薄无耻，又工揣摩，时以术笼取人资。"凡此种种，尽管对李渔的评价存有偏颇，但袁、蒋二人对李渔的态度或许也代表了清代士大夫对于李渔为人的典型看法，因而极大地影响了李渔在后人心目中的形象。

袁于令、蒋瑞藻所指的主要是李渔经常带领戏班在全国各地巡回演出，"以女乐游公卿间"，给达官贵人演出堂戏，打抽丰。士人认为李渔不太讲求读书人的节操，便目之为浪子，而为士林所不齿。《曲海总目提要》说李渔"人以俳优目之"。所说的"以术笼取人资"也并非凭空猜想，李渔携家姬出游，所至演剧，受人家的缠头费，也当有其事。《笠翁文集》卷二《乔复生王再来二姬合传》述王姬事云："盖素望诞儿，凡客赠缠头，人皆随得随用；彼独藏之，欲待生儿制褓裤。"《端阳前五日尤展成、余澹心、宋澹仙诸子集姑苏寓中观小鬟演剧澹心首倡八韵，依韵和之》其五记其歌姬在姑苏寓中演剧诗中，亦有"赠罢新篇客始归，缠头锦字压罗衣"之句。

《清稗类钞》中有两篇与李渔有关的文章，将李渔说得更不堪。一篇是《李笠翁挟妓度曲》，内容是：李笠翁，名渔。性龌龊，善逢迎，遨游官绅间。喜作词曲及小说，常挟雏妓三四人，遇贵游子弟，便令隔帘度曲，故使之奉斝行酒，复继谈房中术，诱重利。吴梅村亦识之，尝赠以诗曰："家近西陵住薜萝，十郎才调岁蹉跎。江湖笑傲夸齐赘，云雨荒唐忆楚娥。海外九州书志怪，坐中三叠舞回波。前身合是玄真子，一笠沧浪自放歌。"尤悔庵亦曰："十郎才调福无双，双燕双莺话小窗。送客留髡休灭烛，要看花睡照银缸。"自是而北里南曲中遂无不知有李十郎矣。另一篇名为《李笠翁盗库金》的文章，竟将李渔归入盗贼类，说是"康熙时，有李笠翁者，名渔，薄负文采，游京师，名动公卿，其为盗，人不尽知也。"并详细描写了李渔盗金的经过："李起，取佩刀，指诸公子曰：'此行无争斗，不必人人持械，渔操刀为诸公子卫。诸公子速随渔登。'语毕，巨跃如飞，先登岸。诸人随之，疾走，登运库屋，揭瓦斩梁，驱诸人探身下盗金，自操刀踞屋顶瞭望，备有变。既，诸人以次负金出，驱诸人先行而自殿后。抵舟，命舟人扬帆，时酒尚温也。李酌酒饮诸人曰：'诸公子身下盗库金，而渔居屋顶瞭，事发，不必首渔而从诸公子也，诸公子幸好自爱。'诸人默然。归，乃不敢与李匿，然亦勿敢声，亦不知其多金果何所用也。"从李渔以上行径看来，他分明是一位江洋大盗。此记载可能与李渔"为任侠，意气倾其座人"的性情有关。

对李渔评价甚高的孙楷第提及李渔的人品时也颇有微词，他在《李笠翁与〈十二楼〉》中说："笠翁品节甚不足道。他是在明朝游过泮之人，当鼎革之际，纵然不能了却秀才事，也尽可如杜濬之安贫自守。却为了吃饭和享乐问题，东奔西驰，不顾风节，完全抛掉了书生本色。他虽然没有侍新朝，却服侍了无数的新贵，这和他们是一样无耻。"

对于李渔的评价能够排除偏见的：如李渔密友杜濬在《十二楼》序中说李渔小说"以通俗语言，鼓吹经传；以入情啼笑，接引顽痴。……妙解连环，而要之不诡于大道"；

193

又清包璿《李先生〈一家言全集〉叙》说"笠翁……寓道德于诙谐，藏经术于滑稽，极人情之变，亦极文情之变也"。大都着眼于李渔小说用通俗生动的故事来演说道德的特点。

再来看近现代人们对李渔的评价。鲁迅称李渔是"有帮闲之才"的"权门的清客"，周作人对《闲情偶寄》中所体现的性灵派特点十分赞赏，但对李渔的为人则作了并不明晰的评价，他说："李笠翁虽然是一个山人清客，其地位品格在那时也很低，落在陈眉公等之下了，但是他有他特别的知识思想……非一般文人所能及。"青木正儿说："笠翁为人，如当时袁于令所谓甚为淫裹俗恶者，岂彼之以为淫裹俗恶之点，与吾人所见之程度不同欤？抑亦为其言行之不一致欤？"

至刘大杰的《中国文学发展史》，对李渔的论述有数百字，郭绍虞的《中国文学批评史》对李渔的论述有一千字左右。廖奔、刘彦君二人在《中国戏曲发展史》中评价道："李渔是一个有着诸多创获而又带有明显人格缺陷的人物。"并言其"卖文逗笑，尽管是为生活所迫，但也是其禀赋滑稽而无志、性格卑微而琐屑使然"。

与此同时，另外一些学者则对李渔的人品较多地持肯定的态度。如沈新林所著的《李渔评传》单列一节评议李渔品格，称："李渔穷困潦倒，两袖清风，却有一身傲骨。"胡天成则说："与李渔那种既自负又自卑的矛盾性格相对应的，是他那既傲世而又媚世的处世态度。"

袁行霈亦言："李渔自负才情，沾染了晚明士人放诞自适的遗风，不讳言享乐和饮食男女，但在清初的历史环境中又缺乏前辈人非儒薄经的勇气，不敢触怒社会，有意避开政治和社会深层问题，便以'道学风流合二为一'的达人自居，用自己的才艺和别出心裁的经验之谈，周旋于社会名流中，博得达官贵人的施予而又不失体面。"

可以看出，近代以来研究者对李渔人品的评价呈现出多元化特点：既试图理解他，却又有很多含糊的地方；既体现出客观公允的一面，却也加进了现代的元素。

以才谋生　率真无机

李渔一生多次应考，但都未能入仕，在科举失意之后他能去做什么呢？他正如龚鹏程所言，如大多数失意文人一样去经商。李渔并非是想继承他的药商的祖业，他也不愿厕身其他商贾之列，他能走的经商之途便是发挥他作为文人的优长去创作小说、传奇待价而沽，他去卖文，去售书，到后来去刊刻、印刷。

商人的地位在明清时期有所提升，不再为末流。文人们的思想也受到冲击，对钱财的看法，也不再是一味清高。文人们卖诗画，写碑文、序文等而取润笔，也不再是引以为耻的事情。据俞牟《山樵暇记》卷九载，在正德年间，"江南富族著姓，求翰林名士墓铭或序记，润笔银动数二十两，甚至四五十两"。一些平民文人为谋生也出卖自己的诗文书画。唐寅便有诗云："不炼金丹不坐禅，不为商贾不种田。闲来画幅丹青卖，不使人间造孽钱。"徐渭在《王元章墓》诗中也谈到了书画"换米"的生涯。在这些卖文者的行列中就有李渔匆忙的身影。李渔很早就开始了砚田生涯，李渔《诗集》卷一《卖砚》有句曰："笔耕三十载。"直至临终前，还抱病笔耕不辍，卖文笔耕几乎伴其一生。在数十年的笔耕生涯中，李渔在其中投入了极大的热情和精力，呕心沥血地著书、编书、印书、卖书，以求赚取利润维持全家生计。

李渔之所以走上小说、戏曲创作的道路，是入仕不成转而相就"末技"的谋生之举，是文士们不得已而为之事。黄鹤山农在《玉搔头》序中指出："（笠翁）家素饶，其园亭罗绮甲邑内，久之中落，始挟策走吴越间，卖赋以糊其口，吮毫挥洒怡如也。嗟乎，笠翁有才若此，岂自知瓠落至今日哉。"说明时局和经历对李渔的创作有很大影响，李渔自己也说，他在杭州的时候曾借营债。李渔虽"托钵"，虽卖文卖书，然其借营债之举足以说明李渔当时经济的窘迫。李渔也自言卖文得钱并不够他养活家人。

196

从以上可以看出，李渔的生活经历和经常窘迫的家境，让他踏上了卖文的道路。

　　李渔时常被经济的压力所困扰，不得已去逢迎达官贵人，他主要是靠自己的才能卖文谋生，只是在万般无奈的情况下才向朋友张口求借。在去世前两年，李渔又陷入了经济的窘境当中。因为各种债务压身，结发妻子徐氏又患病在身，等着医治，万般无奈之下，李渔才向京城的朋友写了一封《上都门故人述旧状书》，信中备述他的困境，以及近年来被迫搬迁，生病的种种不幸遭遇。他写道："问天下之贫，有贫于湖上笠翁者乎？""仆无八口应有之田，而张口受餐者五倍其数；即有可卖之文，然今日买文之家，有能奉金百斤，以买《长门》一赋，如陈皇后之于司马相如者乎？子必曰无之。然则卖文之钱，亦可指屈而数计矣！以四十口而仰食于一身，是以一桑之叶，饲百筐之蚕，日生夜长，其何能给？牛山之伐，不若是其酷矣！……仆无沟浍之纳，而有江河之泄，无怪乎今日之富，无补于明日之贫矣！"又云"虽有数椽之屋，修葺未终，遽尔释手。日在风雨之下，夜居盗贼之间；寐无堪宿之床，坐乏可凭之几。甚至税釜以炊，借碗而食。嗟乎伤哉！李子之穷，遂至此乎！""但求一二有心人，顺风一呼，各助以力，则湖上笠翁尚不及死。"一位年近七旬贫病交加的老人能舍下面子向人求助，可见李渔当时的处

197

境确实是窘困之极。

其实，李渔与官员们交往基本上遵循的是商人的原则，他以他所掌握的享乐技巧，帮助达官贵人享乐，从而得到一些报酬，并以此来养家糊口。在这场交易中，李渔始终处于被动的地位——报酬的多少完全取决于那些官僚们的心情，有时多一点，有时少一点，有时甚至没有。从这些可以看出，在达官贵人眼里，李渔只不过是一个"乐子"，是一个可以在一定时候为他们抬高身价，增加他们附庸风雅的情趣之人，而不是与他们平起平坐的朋友。

李渔是一个善于认识自我的人。他虽然自命登徒子，逢场作戏，阿谀达官，挥霍钱财，但对自己的迎合媚俗，他是羞愧的，他也能较为客观、公正地评价自己。李渔从未标榜过自己是个圣人，相反，通过各种方式，在很多不同的场合，他都承认过自己是个人格上有不少缺陷的人。虽然这种瑕疵并不对任何人造成伤害，却招来很多非议。如他曾写作《冬青》篇和子陵钓台词，以抒怀。《冬青》中言："冬青一树，有松柏之实而不居其名，有梅竹之风而不矜其节，殆'身隐焉文'之流亚欤？然谈傲霜砺雪之姿者从未闻一人齿及。是之推不言禄，而禄又不及。予窃忿之，当易其名为'不求人知树'。"李渔晚年在过严子陵钓台时，曾作过《多丽·过子陵钓台》词一阕，词曰："同执纶竿，共披蓑笠，君名何重我何轻！不自量，将身高比，才识敬先生。相去远，君辞厚禄，我钓虚名。"千百年来，严子陵成了鄙弃富贵洁身自好的典范，也是知识分子的精神楷模。李渔也极为赞赏严子陵的精神人格，他深刻地解剖自己，坦率地忏悔。李渔的女婿沈因伯点评此首词道："妇翁一生，言人所不能言，言人所不敢言，当世既知之矣。至其言人所不肯言与不屑言，则尚未知之也。……然人所不肯言、不屑言者。皆其极肯为而极屑为者也。"李渔也有他作为一位下层文人的无奈，他也想像严子陵那样做一名隐士，可是他却没有固定的收入来养家糊口。在明末追求个性张扬和物质享受的潮流中，李渔这位多才多艺有着较高审美趣味的文人，对美的追求和欣赏是要建立在经济基础之上的，他不得不去四处游走，打抽丰。在忏悔过后，面对残酷的现实李渔也清醒地认识到，严子陵之隐，是不愁吃穿用度，当然可以做闲云野鹤之人；而李渔自己却要为全家人的生存发愁，披星戴月，四处游走。如果用同一标准来评价不在同一种生存状态下的人之人格可以说是不公平的。

李渔为人所诟病，一个重要的原因是他常常在缙绅豪门间游走谋食，给人留下了"善逢迎""为人庸鄙"的印象。李渔对于自己的谋生方式并不隐讳，他坦言自己："二十年来担登负笈，周历四方，所至辄随士大夫游。""混迹公卿大夫之间，日食五侯之鲭，夜宴三公之府。"

李渔一生奔波忙碌，虽然并不是他的错，但是李渔的不甘于平庸，不甘于寂寞，身为青衫，却欲与达官显贵一样去享受生活，一方面使他受讥于人，但在另一方面却促使李渔不断地去写作、编书，才使他身后留下这么多作品，一个真实的李渔呈现在我们面前。李渔不仅敢于剖析自己，还敢于表达自己的真实感情，这是难能可贵的。李渔的率真还表现在对乔姬和王姬的情感中，他不但对两个女子很是赏识，而且他的《乔复生王再来二姬合传》写得缠绵悱恻，凄婉动人，感情真挚。顾梁汾评曰："望而知为情之所钟，玩此种文，着眼须在真处、碎处。喜极，痛极，令人羡，令人妒，令人为作者解慰不得，怨尤更不得。"

好货好色　褒贬由他

世人对于李渔的品节褒贬不一，特别是对他到处打抽丰，托钵卖文之事。《曲海总目提要》说李渔是"游荡江湖，人以俳优目之"。袁于令、董含曾指斥李渔"其行甚秽，真士林所不齿者"。袁、董二人所言有夸大和不实之词，李渔的生活方式不过是明中后期山人风气的沿袭。当然，李渔的生活方式与李渔仕途不顺遂，又喜附庸风雅有关。孙楷第在

《李笠翁与〈十二楼〉》中言那些山人"非工非商，不宦不农，家无恒产而须要和士大夫一样的享受。一身而外，所有费用皆取之于人。所以游荡江湖，便是他们的职业。明白这个道理，便知李渔之负笈四方则为生计问题所驱使，不得不如此的"。李渔自己也说："渔无半亩之田，而有数十口之家，砚田笔末，止靠一人。一人徂东，则东向以待；一人徂西，则西向以待。今来自北，则皆北面待哺矣。……不则入少出多，势必沿门告贷……"正如李渔的"生平最密"，名列"西泠十子"、慷慨尚气节的孙治所说的，"若使子高步承明之上，蹀足石渠之间，与人主朝夕讽议，卒安得发愤从事于笺笺者为？余有以知子之不得已也"，李渔是"不得已也"。

许多方面的记载都表明，即使在物质生活条件相对困窘，即在北方人看来最应该节衣缩食的情况下，南方人仍然可以把生活搞得有声有色，而不是每天愁眉不展想生计。正如《菜根谭》中所言："贫家净扫地，贫女净梢头，景色虽不艳丽，气度自是风雅。士君子一当穷愁寥落，奈何辄自废弛哉！"这就不难理解即使李渔常常陷入贫困之中，他的精神和文化生活依然很丰富的原因了吧。这就是地域文化的差异在具体人物身上的体现。

生活在近代的林语堂也认为："笠翁、子才二人之人生观，又可以说是现代的人生观——这种怀疑的、观察的、体会的、同情的人生观，最是现代思想之特征，其足动摇人心，推翻圣道。子才、笠翁虽然表面上站在儒家方面，持此态度以往，实足动摇儒家的基础。"他还在《生活的艺术》一书中，将李渔与白居易、苏轼、屠隆、袁宏道、李贽、袁枚、金圣叹等人并举，说："这些都是脱略形骸、不拘小节的人。这些人因为胸蕴太多的独特见解，对事物具有太深的情感，因此不能得到正统派批评家的称许。这些人太好了，所以不能循规蹈矩，因为太有道德了，所以在儒家看来便是不'好'的。"正如林语堂所说，李渔是一位率真自然本色的人，他将自己全面地暴露出来，让世人一览无余，他的对才能的张扬，他的不耻言好货好色，他的四处打抽丰，他的对情爱、女性、金钱的阐释，他的周旋于达官贵人之间，他的阿谀奉承，他的忏悔，他的对命运对事业的执着，等等，汇聚起来，成为一个真实的李渔，成为一个本色的李渔，成为一个独一无二的李渔。

杜书瀛说："我们是马克思主义的历史唯物主义者，我们不能苛求古人，不能要求他做历史条件不允许他做的事情。我们既不能因为他没有提供现代所要求的东西而责备他；也不能因为他世界观中具有许多落后的东西而否定他在戏剧美学上所取得的杰出成就。我们固然不能把李渔戏剧美学中的糟粕吹捧为精华，但也不能因为有糟粕而把精华也一笔抹杀，甚至把精华也视为糟粕。我们应该尊重历史事实，尊重历史的辩证发展。我们应该主要根据李渔比他的前辈提供了什么新的东西，来衡量他的戏剧美学著作的巨大价值，并且又根据他所做出的重大贡献，给他以中国古典戏剧美学史上的应有地位。"

李渔所选择的托钵卖文亦是不得已之举。因其一家生计系于一人之游，为了一家人的生存，为了他自己能作为文人生存而不是其他，李渔只能为自己很好地定位，他的选择是在痛定思痛之后的无可奈何之举。由于生不逢时，由于明清之际钱财观念之变化，李渔当然不可能像几百年前的陶渊明那样怡然于田园之乐，既有雅士的一面又有日常欲念的李渔不能不为了保持他的好货好色的本性而搏笑卖文。

好货好色的在当时并非李渔一人，而是一种社会潮流。李渔的好货好色受到他所处的时代和环境的很大影响，而不能仅仅归罪于李渔自身一个方面。

萧欣桥在他为《李渔全集》所作的序言中说："历来对李渔的认识和评价的分歧，主要不是他的著作而是他的为人，对李渔的著作评价尽管也存在褒贬不一的情况，但并不像对其为人评价那样悬殊。""他的整个人生历程以及创作，显示出在已经凝固的传统意识形态的夹缝里讨生计讨自在讨虚荣的复杂性质与品格。"李渔生前交游广泛，所谓"所交多名流才望，即妇孺亦皆知有李笠翁"。交游人数众多，几至千人，且延及各个行业。

在明代，资本主义经济萌芽对人们的生活方式产生了重大的影响。王学左派正是资本主义经济思想影响下的产物，他们开始弱化对理学的追求，而更重视现实生活，更重视物质享受。袁宏道称"目极世间之色，耳及世间之声；身极世间之鲜，口极世间之谭"是"世间真乐"之一。戏剧家屠隆认为生活的内容应为"读文理书，学法帖子，澄心静坐，益友清谈，小酌半醺，浇花种竹，听琴玩鹤，焚香煎茶，登城观山，寓意弈棋"。民歌、戏剧小说等"闲书"传播很快，也受到普遍欢迎。而富贵人家，家畜声伎，醉心词曲。市民农家也受到这些风气的浸熏，嗜戏如命，称"宁可舍掉二亩地，也要看大戏"。

受此种种风习的影响，加之李渔自身也极注重生活的质量和享受，使他更注重当下的享受，他宁愿牺牲精神的高尚和人格的尊严，也不愿像陶渊明、李白那样自命清高，洁身自好。李渔要体面地生存，就得承受世人的误解和诟病。

其实李渔并不是没有气节和怀抱的平庸之辈，他是一位由明入清的文人，但就他始终未参加清王朝恢复的科举考试，也始终没有在清王朝治下做官而言便是很难能可贵的。

李渔在杭州时，本有机会参加科举考试，如清朝开国的前两次会试分别在顺治三年（1646）和顺治五年举行。顺治五年以后，会试恢复到明朝的每三年一次。李渔从顺治九年移居杭州，如果他愿意，他至少有机会参加顺治十一年和顺治十四年的考试。李渔是一位善于用诗文来记录自己生活状态的人，但从他这一阶段的诗文来看，却未见有只字提及科考之事，说明李渔并未再参加科举考试。

虽然李渔后来也出入于清王朝的官场和权贵之家，甚至受到清朝权臣内阁大学士索额图的接见，但他一直是以职业作家的身份出现，并没有辱没自己。当李渔在明清之际的战乱中，悲叹"天寒烽火热，地少战场多""兵凶谁不识，无奈近人何"时，却从不怀疑封建制度本身，而是仍旧抱着"耕钓俟升平"的希望。入清之后，李渔不应举不做官，走的是卖赋以糊口道路。可见在他仍有操守或者说是力求做到"全节"。

李渔亦希望自己有高洁的人格，但时代和社会却没有给他提供那方面的便利，奔波一生，劳碌一生，奉献一生，临终却连葬身的费用都是县府资助的。李渔对世人的讥嘲，是抱着豁达的心态的，在古代他以七十岁高龄撒手人寰也足以证明他的内心是一"笠翁"。

无论是荣也好辱也罢，也无论是褒也好贬也好，李渔都能够坦然面对。他在《闲情偶寄》中说："以我论之：文章者，天下之公器，非我之所能私；是非者，千古之定评，岂人之所能倒？不若出我所有，公之于人，收天下后世之名贤，悉为同调。胜我者，我师之，仍不失为起予之高足；类我者，我友之，亦不愧为攻玉之他山。持此之心，遂不觉以生平底里，和盘托出，并前人已传之书，亦为取长弃短，别出瑕瑜，使人知所从违，而不为诵读所误。知我，罪我，怜我，杀我，悉听世人，不复能顾其后矣。但恐我所言者，自以为是而未必果是；人所趋者，我以为非而未必尽非。但矢一字之公，可谢千秋之罚。噫，元人可作，当必贳予。"经历了太多太多的李渔，在很多时候虽然屈了身去争取钱财的充盈，而得来的钱财却远远满足不了李渔内心对美对意趣的追求。可这已经不是很重要了，重要的是李渔在追求意趣的过程中给我们留下的宝贵财富——他的思想，他的作品。

李渔是一个独特的人，他孤介却又率真，他自视甚高却又命运不济。他终年托钵却享受着各种欢娱，他向往才人韵士，却又干谒游走；他视小说戏曲为末技，却又有大量作品传世；他亦儒亦商，亦雅亦俗；贫穷一生，也享乐无数。正如他的一贯主张新奇、特异，他自身的一生也诠释了他的"特异"，成为一个特立独行的李渔。

附录

年　谱

1611 年（明万历三十九年）　农历八月初七日，出生于江苏如皋。

1625 年（天启五年）　作《续刻梧桐诗》自励。

1627 年（天启七年）　作《丁卯元日试笔》诗。

1629 年（崇祯二年）　父亲李如松病逝，回原籍浙江兰溪守丧。

1635 年（崇祯八年）　赴金华应童子试，"以五经见拔"，为浙江提学副使许豸赏识。

1637 年（崇祯十年）　入府学攻读学业。

1639 年（崇祯十二年）　第一次赴杭州应乡试，落榜而归，作《榜后柬同时下第者》诗。

1642 年（崇祯十五年）　第三次赴杭州应乡试，中途闻警而返，作《应试中途闻警归》诗。

1644 年（崇祯十七年，清顺治元年）　山中避乱，作《甲申纪乱》《甲申避乱》等诗。

1645年（清顺治二年） 避兵山中，作《避兵行》诗。乱后家毁，暂入金华府通判许檄彩幕，凡二年。

1646年（顺治三年） 作《婺城行吊胡仲衍中翰》《挽季海涛先生》等诗，悼丙戌死难者。清军攻占金华后，归兰溪，作《丙戌除夜》诗。

1647年（顺治四年） 归农学圃。作《山居杂咏》及《丁亥守岁》诗。

1651年（顺治八年） 被族人推举为宗祠总理，制订《祠约十三则》。

1652年（顺治九年） 移居杭州，"卖赋以糊其口"。作《怜香伴》《风筝误》传奇。

1655年（顺治十二年） 作《玉搔头》传奇。

1656年（顺治十三年）《无声戏》一集出版发行。

1657年（顺治十四年）《奈何天》传奇、《无声戏》二集问世。

1658年（顺治十五年） 小说《十二楼》问世。

1659年（顺治十六年）《古今史略》《蜃中楼》传奇问世。

1660年（顺治十七年） 始辑《尺牍初征》，吴梅村为《尺牍初征》作序。

1661年（顺治十八年）《比目鱼》传奇问世。游桐庐严陵西湖，作《严陵西湖记》。

1662 年（康熙元年） 移家金陵。

1663 年（康熙二年）《资治新书》初集问世。

1664 年（康熙三年）《笠翁论古》问世。

1665 年（康熙四年）《凰求凤》传奇问世。

1666 年（康熙五年） 游京师，作《帝台春·本题》词，与保和殿大学士魏裔介（贞庵）相识。又应陕西巡抚贾汉复之邀，游秦地。过平阳，纳乔姬。

1667 年（康熙六年） 应甘肃巡抚刘耀薇之邀，至兰州，纳王姬。游西岳华山，作《登华岳四首》；出潼关，作《潼关阻雨》诗。

1668 年（康熙七年） 春，返回金陵。作《巧团圆》传奇。游粤，过临江、十八滩，度大庾岭，过南雄、英德，作《卖船行和施愚山宪使》《前过十八滩行》《度庾岭二首》《宿南雄萧寺》《英山道上》诗。

1669 年（康熙八年） 初夏，芥子园落成。

1670 年（康熙九年） 携众姬游闽，过故乡兰溪，作《二十年不返故乡重归志感》诗。在福州过六十寿辰，作《六秩自寿四首》。

1671 年（康熙十年） 春，携家班赴宝应为知县孙蕙演戏祝寿。夏，游苏州，于端午前七日、后七日与尤展成、余澹心、宋澹仙等集姑苏寓所观小环演剧，并相互作诗唱和。《四六初征》《闲情偶寄》问世。

1672 年（康熙十一年） 正月游楚，过九江，抵汉阳，登黄
鹤楼，作《过九江得顺风，舟不得泊，四日夜抵汉阳》
四首及《登黄鹤楼》诗。乔姬于途中病故。

1673 年（康熙十二年） 至京师，王姬病故，作《后断肠诗
十首》悼之。

1674 年（康熙十三年） 寒食后一日自京师抵家，作《寒食
后一日归自燕京》二首。夏，游芜湖。秋，游杭州，
访武林旧居，作《再过武林旧居时已再易其主》诗。

1675 年（康熙十四年） 赴杭州，为浙江巡抚陈司贞祝寿。
五月，游绍兴。夏，送长子将舒、次子将开赴严陵应
童子试。回杭途中，过严陵钓台，作《多丽·过子陵
钓台》词。

1676 年（康熙十五年） 决计移家杭州。

1677 年（康熙十六年） 孟春，移家至杭州。夏初，跌伤。
八月，游湖州，受到知府胡子怀款待，作《吴兴太守
歌》颂之。作《上都门故人述旧状书》，向都门故人
求助。

1678 年（康熙十七年） 春，层园始成。立秋日，撰写《笠
翁别集·弁言》。中秋前十日，作《耐歌词·自序》。

1679 年（康熙十八年） 仲冬朔，作《千古奇闻》序；十一

月四日冬至，作《芥子园画传》序；十二月，为毛氏

父子评《四大奇书第一种》(《三国志通俗演义》) 作序。

1680年 (康熙十九年)　正月十三日病卒，享年七十岁。葬

杭州方家峪九曜山，时钱塘县令梁允植为其题"湖上

笠翁之墓"的墓碑。

主 要 著 作

1.《闲情偶寄》。

2.《十二楼》，亦名《觉世名言》。

3.《无声戏》，亦名《连城璧》。

4.《合锦回文传》。

5.《肉蒲团》，又名《觉后禅》。

6.《芥子园画传（谱）》，初集《山水谱》，凡四卷。

7.《笠翁诗韵》五卷。

8.《笠翁词韵》四卷。

9.《资治新书》初集十四卷，二集二十卷。

10.《新四六初征》二十卷。

11.《尺牍初征》分三十三类，十二卷。

参 考 书 目

1. 李渔:《李渔全集》,浙江古籍出版社,1992 年。

2. 杜书瀛:《论李渔的戏剧美学》,中国社会科学出版社,1982 年。

3. 李渔著,陈多注释:《李笠翁曲话》,湖南人民出版社,1980 年。

4. 沈新林:《李渔新论》,苏州大学出版社,1997 年。

5. 黄果泉:《雅俗之间——李渔的文化人格与文学思想研究》,中国社会科学出版社,2004 年。

6. 肖荣:《李渔评传》,浙江文艺出版社,1985 年。

7. 单锦珩:《李渔传》,四川文艺出版社,1986 年。

8. 黄强:《李渔研究》,浙江古籍出版社,1996 年。

9. 俞为民:《李渔评传》,南京大学出版社,1998 年。

10. 赵文卿、李彩标:《李渔研究》,中国文联出版社,2000 年。

11. 徐保卫:《李渔传》,百花文艺出版社,2002 年。

12. 万晴川:《风流道学——李渔传》,浙江人民出版社,2005 年。

13. 崔子恩:《李渔小说论稿》,中国社会科学出版社,

1989 年。

14.余英时:《士与中国文化》,上海人民出版社,2003 年。

15.李泽厚:《美学三书》,安徽文艺出版社,1999 年。

16.杨义:《中国古典小说史论》,中国社会科学出版社,1995 年。